德道經

덕도경

덕도경

초판 1쇄 인쇄 2011년 03월 04일
초판 1쇄 발행 2011년 03월 11일

편집자 | 編著者 道人 姜農軒, 道人 姜輝山
펴낸이 | 손형국
펴낸곳 | (주)에세이퍼블리싱
출판등록 | 2004. 12. 1(제315-2008-022호)
주소 | 서울특별시 강서구 방화3동 316-3번지 한국계량계측협동조합회관 102호
홈페이지 | www.book.co.kr
전화번호 | (02)3159-9638~40
팩스 | (02)3159-9637

ISBN 978-89-6023-555-7 03240

修道人 必讀書

'老子에게 道를 묻다'

德道經

노자원신(老子原神) 해설
編著者 道人 姜農軒
道人 姜輝山

ESSAY

노자는 도인이다!!

　노자의 덕도경은 도에 통달하신 노자께서 도(道) 전반에 대한 내용과 천상계의 신명 및 인간관계에 대해서 기술한 내용으로 천상계를 훤히 꿰뚫고 있는 노자의 혜안이 아니라면 사실상 해석하기 힘들다.

　지금까지의 덕도경에 대한 해석은 제자들과 후학들에 의해 각기 다른 시각으로 풀이되어 온 것이 사실인데, 이처럼 덕도경에 대한 해석이 저마다 다르고 분분한 것은 저자이신 노자께서 인간으로 계실 때 후학들에게 상세한 설명을 해주지 못했기 때문이다.

　그러므로 노자를 정확히 이해하고 그의 참뜻을 밝힐 수 있는 사람은 이제까지 없을 수밖에 없었으며, 있다면 오직 단 한 사람 노자 당신 자신만 가능할 뿐인 것이다.

　그런데 이 책에서 밝히는 덕도경의 해석은 임의적 혹은 자의적인 해석이 아니다. 그것은 2009년 어느 날 노자원신(老子原神)께서 도인 강농헌에게 직접 계시를 통하여 원뜻을 밝혀주셨기 때문이다.

이렇게 노자원신께서 알려주신 덕도경은 추상적이거나 현학적이지 않고 오히려 직설적이고 현실적이면서도 구체적이라고 할 수 있다.

'道可道 非常道'를 예로 들어보면 '도를 도라고 할 수 있는 것은 항상 그러한 도가 아니다.'라는 직역에 가까운 풀이가 대부분이며 언어로 표현되거나 도라고 특정할 수 있는 도는 이미 도가 아니라고 많이 해석되어 '도의 개념을 관념적이고 형이상학적인 대상으로만 생각하게 만드는 경향이 있다.

그러나 사실 노자원신(老子原神)께서 말씀하시는 '道可道' 즉 '도라고 할 수 있는 것'의 의미는 할 수 있는(can), 즉 구체적인 도의 능력을 말하는 것으로 이것은 도를 수행함으로써 이룰 수 있는 도의 최고의 경지인 도통을 지칭한 것이라 할 수 있다.

또, '非常道' 라는 것은 이러한 도의 능력은 사람의 기국과 능력에 따라 각기 다르다는 것을 의미한다.

그러므로 노자원신께서 직접 계시로 알려준 이 구절의 속뜻은 '도통이라고 해서 다 같은 도통이 아니다.'고 해석되어야 하는 것이다.

이제, 다가오는 미래세계에 즈음하여 약 2500년 전의 노자의 덕도경에 대한 진정한 뜻을 알릴 수 있게 되어 개인적으로 무한한 영광으로 생각하며 이 책이 세상에 나올 수 있도록 적극 지원해준 김화선, 김권병 도인에게도 무한한 감사를 드린다.

또한, 이 책이 수도에 뜻이 있는 많은 사람들에게 도의 진정한 경전이 되고 수행 지침서가 되기를 간절히 바라는 바이다.

2011. 2

編著者 道人 姜農軒

道人 姜輝山

덕도경?

　노자원신께서는 덕에서 도가 나온다고 하셨는데, 즉 덕이 바탕이 되어 있어야 도를 수행할 자격이 되는 것이니, 덕이 없는 자가 도를 수행한다고 하여 도에 통할 수 있는 것이 아니라고 하셨다.

　노자원신께서는 도의 바탕이 되는 덕을 강조하여 '덕도경'이라 칭하였으나 후세에 번역이 되면서 '도덕경'으로 명칭이 변경되었는데 근세에 발견된 죽간본 원본에는 '덕도경'이라 씌어져 있었다고 한다.

공자의 스승은 노자?

　최근 개봉한 공자라는 영화에서 공자의 스승은 노자였다는 사실이 만천하에 공개되었다. 이제까지 공자의 스승이 노자라고 알고 있는 사람은 그다지 많지는 않을 것이라 사료되나, 공자의 스승이 밝혀지지 않은 것은 유교의 숭상과 더불어 공자를 성인화(聖人化) 하기 위한 정치적인 목적이 그 배경에 있다고 보아야 할 것이다.

차례

主題 : 道通

道可道 非常道(도가도 비상도)
▶ 도라고 할 수 있는 도는 항상 그러한 도가 아니며

노자의 해설

☯ 도통을 도통이라고 할 수 있는 것은 항상 그러한 도통이 아니다.

·可道 : 도통이라고 할 수 있는 것

·도통은 공부의 수단에 따라 상통(순수도인), 중통(지식인), 하통(생활의 달인)으로 나누어지고 분신의 성적(9가지 점수)을 가장 우선시하여 다음과 같이 분류한다.

상도(上道, Highway)는 태을옥황상제의 분원신(分源神)이 되는 것이고, 중도(中道, Middelway)는 원신(原神)이나 원신(原神)의 분원신(分原神)이 되는 것이고, 하도(下道, Lowway)는 독립원신(獨立原神)이 되는 것이다.

☞ 독립원신은 분신 셋 중에서 원신으로부터 선택받지 못한 두 분신

德道經

을 일컫는 것이고, 원신의 분원신은 원신으로부터 선택받은 분신을 일컫는 것이다.

☯ 도를 도라고 할 수 있는 것은 도통을 지칭하는 것이며, 일상적으로 사람들이 흔히 말하는 그러한 도가 아니다.
☯ 도통은 신인조화(神人造化)되어야 하는 것이다.
　☞ 신이 사람으로 다시 태어나고 사람은 죽어서 다시 신이 되는 것이다.
　☞ 도통은 수련으로만 할 수 있는 것이 아니다.

名可名 非常名(명가명 비상명)
▶ 이름이라고 할 수 있는 이름은 항상 그러한 이름이 아니다.

노자의 해설

☯ 분신을 분신이라고 할 수 있는 것은 항상 그러한 분신이 아니다.
　☞ 현재 원신에게 선택받을 수 있는 1순위 분신이라 하더라도 점수가 미달되면 2순위 분신, 3순위 분신이 되는 것이고 성적이 우수하게 되면 1순위 분신이 될 수도 있어 분신의 위치는 항상 정해져 있는 것은 아니다.
　　·名 = 分身(분신)
　　·可名 = 분신이라고 할 수 있는 것

노자의 해설

☯ 처음에 하늘과 땅에는 분신이 없었는데

노자의 해설

☯ 비로소 분신이 있을 때 원신이라 칭하게 되었다.

　·母=魚 : 源神(원신)

☯ 도통은 우연이 아니다. 그것은 필연이며 도라는 이름으로만 가장했을 뿐이다.

☯ 분신을 우연히 낸 것이 아니다. 그것은 필연이다.

☯ 자연은 일정한 법칙에 의해서 이루어진 것이 아니라 스스로 그렇게 이루어진 것이며 모양은 달라도 자연이 주는 이로움은 같다.

16

德道經

故常無欲以觀其妙(고상무욕이관기묘)

▶ 그러므로 항상 욕심이 없으면 그 현묘함을 볼 수 있고

노자의 해설

☯ 그러므로 세속에 욕심이 없어야 원신의 현묘한 뜻을 알 수 있고

·妙 : 현묘(玄妙), 이상(理想) · 常 : 일상 = 세속

·以觀 : ~로써 알 수 있다.

常有欲以觀其徼(고상욕이관기요)

▶ 항상 욕심이 있으면 그 나타난 현상을 볼 수 있다.

노자의 해설

☯ 세속의 욕심이 많으면 원신의 그 세(勢)만 보려고 할 뿐이다.

☯ 원신의 속마음은 모르게 되어 도를 제대로 닦지 못하고 수박 겉핥기식이 된다.

노자의 해설

☯ 두 부류의 분신들은 같은 원신에게서 태어났지만 그 분신들의 특성은 각기 다르다.

· 此兩者 = 두 부류의 분신들

☯ 도통은 원신을 통해서만 이루어진다.

☯ 천문(天門)을 경험한 이는 바로 원신뿐이다.

☞ 인간이 죽어서 하늘의 천문을 통과하여 원신(原神)이 되었기 때문이다.

노자의 해설

☯ 위의 '同'이라고 하는 것은 같은 원신의 분신, 즉 분원신을 뜻하는데 그 분원신은 현묘하고 현묘하다.

☯ 분신이 태어나기 전에는 분원신(分原神)으로 존재한다.

· 玄 = 분원신

18

德道經

▶ 중생들의 현묘한 문이라 할 수 있다.

노자의 해설

☯ 우주는 모든 분신들과 원신들의 기원(基源)이다.

· 妙 : 원신이 분신이 되고 분신이 원신이 되는 일련의 과정을
일컫는다.

· 門 : 통과의 문

분신(分身)과 원신(原神)

　나를 기준으로 볼 때 원신은 나의 영혼을 창조한 영적존재라고 할 수 있다. 나의 육체를 있게 한 것은 부모이지만 나의 영혼을 있게 한 것은 원신이므로, 원신은 곧 영혼의 부모인 것이다. 원신은 비로소 분(원)신을 창조함으로써 원신이라고 불릴 수 있으며 분신이 없는 원신은 분원신이라고 한다.

　우리가 태어나기 전 천상계에 있을 때의 우리의 존재는 분원신의 상태로 존재하는 것이고 지구에 태어났을 때 비로소 분신이 된다. 분신인 나의 존재는 원신의 영적 DNA와 육친의 DNA의 조합으로 이루어진 것이다. 그래서 아무리 자기 자식이라 하여도 각기 영혼 DNA가 다르므로 생각도 다르고 추구하는 바도 다르다. 다만 그 육친의 몸을 빌려 태어난 것으로 생김새 등 육친의 유전인자가 세습되게 된다.

　인간세계가 그러하듯 영혼도 계속 창조되어 생겨나고 있다. 천상계의 법칙에 따르면 원신은 분신을 세 명까지 둘 수 있게 되어 있고 그 분신 중 점수가 가장 높은 분신 한 명을 선택하여 자기의 분원신으로 삼고 나머지 두 명의 분신은 독립(분)원신으로 분

德道經

기되어진다.

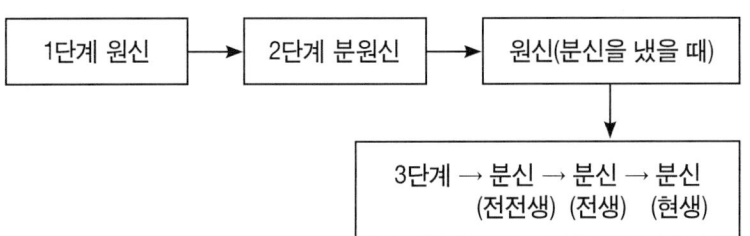

三生(삼생)의 인연(因緣)이 있어야
도를 닦을 수 있다

삼생이란 3번 연속 도운(道運)을 가지고 태어나는 것으로 나의 원신, 그리고 원신의 원신이 도운을 운명으로 가지고 인간으로 태어났을 때 비로소 3대의 분신도 도운을 가지고 태어날 수 있다는 것이다.

즉 삼생이란 나로부터 3대가 도인이어야 도를 닦을 수 있는 자격이 주어진다는 것이며, 우리가 흔히 알고 있는 나의 현생, 전생, 전전생에 모두 도운을 가지고 태어나 수도를 해야 하는 것은 아니다. 할아버지격인 원신이 분원신에서 원신이 되고(분신을 내면 원신이 됨) 그로부터 태어난 분신이 죽어서 그 영혼이 다시 분원신(아버지격)이 되어야 한다.

분원신이란 분신 셋 중 선택을 받은 자를 말한다. 이때 선택받지 못한 분신 둘은 독립 원신으로 살아가게 된다. 분원신(아버지격)이 된 신은 분신(도인)을 내어 다시 원신이 될 수 있다

德道經

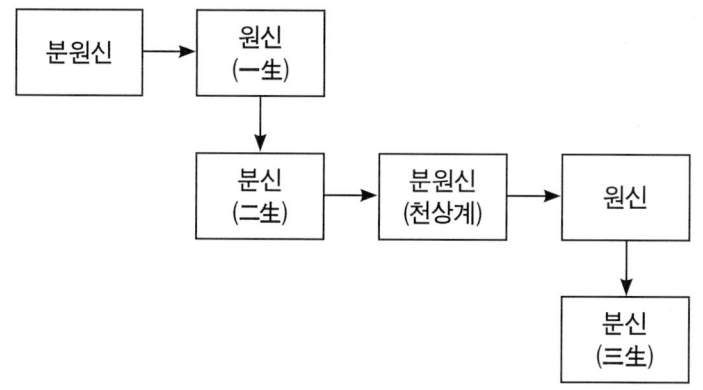

第2章

主題 : 推想的 相互關係

天下皆知美之爲美 斯惡已
(천하개지미지위미 사악이)

▶ 세상의 모든 사람들이 알고 있는 아름다움, 그것을
  아름답다고 하는 것은 이미 추함이 있기 때문이다.

노자의 해설

☯ 분신들은 모두가 아름다움을 알고 그 아름다움을 위해 악
  을 행하려 하지 않고

　　·天 : 원신

　　·下 : 분신(하늘에서 내려 온 분신)

☯ 아름다움은 추상적인 것이며 착하지 않음을 내포하고 있다.

☯ 장미는 가시를 품고 있으며 미인의 마음에는 칼을 품고 있
  다. 아름다움이라고 하는 개념은 추상적인 것이며 인간이
  만든 잣대에 불과하다.

德道經

(天下)皆知善之爲善 斯不善已
(천하개지선지위선 사부선이)

▶ 세상의 모든 사람들이 알고 있는 착한 것, 그것을 착하다고
하는 것은 이미 착하지 않음이 있기 때문이다.

노자의 해설

☯ 분신들은 모두가 선을 알고 그 선을 위해 나쁜 짓을 하려
하지 않는다.

☯ 아름다움을 알고 착함을 아는 것이 욕심인 것이다.

　· 美 : = 복(腹 : 배복) → 부귀를 뜻함

☯ 착한 것도 추상적이며 그 안에 악이 내포되어 있다.

☯ 선에 악도 같이 존재한다. 착한 사람이 수심, 수련(=도)을
행하지 않는다면 악한 마음이 들어갈 수 있다.

☯ 눈으로 즐길 줄 알고 그 즐거움을 위해 온몸을 다하여 다
른 것(道)을 살피지 못한다. 오직 먹는 것으로 배를 채우며
화려함만을 좋는 것을 경계하며 쓴 문구이다.

故有無相生 難易相成 長短相形
(고유무상생 난이상성 장단상형)

▶ 그러므로 서로 있고 없음이 생겨나고, 어려움과 쉬움이
성립하고, 길고 짧은 것이 형성된다.

노자의 해설

☯ 그러므로 분신들 간의 있고 없음이 생기며 쉬움(쉽게 사는 사람)과 어려움(어렵게 사는 사람)이 생기며 길고(잘됨이 길다) 짧음(잘됨이 짧다)이 서로 나타나게 되는 것이다.

☯ 삶과 죽음이라는 개념도 원신으로부터 온 추상적인 것이며 구분된 개념이 아닌 것이다. 단지 사람이 이를 구별할 뿐이다.

☯ 생활로부터 오는 어렵고 쉬운 것도 추상적인 것이다.

☯ 즉 어렵고 쉬움은 마음에 달린 것이다.

☯ 길고 짧은 것은 대어 보아야 알 수 있는 추상적인 것이며 인간이 만든 척도일 뿐이다.

高下相傾 音聲相和(洛) 前後相隨
(고하상경 음성상화락 전후상수)

▶ 높고 낮음이 서로를 기울게 하며 소리 또한 서로 조화를 이루고 앞과 뒤가 있어서 서로 따르게 된다.

노자의 해설

☯ 높고 낮음이 서로 생기며(신분차이) 소리 또한 서로 다르며 전후(성적순)가 생긴다.

☯ 분신들의 과열경쟁이 일어남을 가리킨다.

　·和 : 잘된 이

　·洛 : 못되는 이

26

德道經

☯ 높고 낮음은 깊이에서 파생되는 추상적인 개념이다.

☯ 노래와 말은 멜로디에서 오는 추상적인 개념이다.

☯ 말에도 억양, 멜로디가 있다.

☯ 전과 후는 연속성에서 오는 추상적인 개념이다.

是以聖人處 無爲之事(시이성인처 무위지사)

▶ 이로써 성인은 자기에게 처해진 그 일을 강제로 함이 없고

行不言之敎(행불언지교)

▶ 수행은 말 없는 가르침이다.

노자의 해설

☯ 스스로 수행하는 것은 원신의 말없는 가르침이다.

☯ 원신은 스스로 행하는 자를 지지한다는 것으로 모든 것은 분신에게 달려 있는 것이며 원신은 분신 셋 중 하나를 택하여 자기의 분원신으로 삼는다.

萬物作焉而不辭 生而不有
(만물작언이불사 생이불유)

▶ 만물을 창조하는 데 있어 사양함이 없으며 생장시켰으나 그것(만물)을 소유하지 않는다.

노자의 해설

☯ 그래도 원신은 분신을 설계하는 것을 사양하지 않고 비록 분신이 자기 뜻대로 살지 않더라도 욕심도 내지 않고 분신을 낼 때 장차 무엇을 바라지 않는다. 분신을 잘 키워 덕을 보겠다는 생각이 없고 의지하지 않는다.

　·萬物 : 분신

爲而不恃 功成而弗居
(위이부시 공성이불거)

▶ 할 일을 다 하고서도 거기에 기대려 하지 않고
　공을 이루고서도 거기에 안주하려 하지 않는다.

노자의 해설

☯ 분신에게 의지하지 않으며 공성신퇴의 자세로 산다.

　·공성신퇴(功成身退) : 공을 이루면 그 자리에서 물러난다.

夫唯弗居 是以不去 (부유불거 시이불거)

▶ 무릇 안주하려 하지 않음으로써 그 공이 허사로 돌아가지 않는다.

노자의 해설

☯ 원신은 오직 공부를 위해 머물지 않는다.

28

德道經

☯ 원신은 도 공부를 위해서는 관직에 연연하지 않는다. 분신과의 도통이 목적이며 구천(九天 : 천상계의 최고 이상세계)에 가려고 애를 쓰지 않는다.

☯ 원신은 분신과 도통을 하려고 하니 원신의 뜻을 받들어야 한다는 뜻이다.

노자의 보충설명

☯ 신은 경험하지도 않고 추상적이지도 않고 행동하지도 않고 모든 것을 이루어 놓았다. 즉 신이 이루어 놓은 것은 구체적이며 추상적이지 않다는 뜻이다.

☯ 수도하는 이는 지구가 자전하는 원리를 받아들여야 한다. 즉 천문학을 공부해야 하는 것이다.

☯ 신(原神)은 지구를 만들어 놓고 그것을 자기 소유로 하지 않으며 거기에 살지는 않는다.

☯ 2500년 전 내(노자)가 본 상황을 말함.

第3章

主題 : 分身의 教育

不尚賢 使子民不爭(불상현 사자민부쟁)

▶ 오히려 너무 어질지 않다면 자식으로 하여금 사람들과 다투게
하지 않는다.

노자의 해설

분신들을 어질게만 다루지 않고 상벌로써 다스린다면 분신
들은 서로 다투지 아니한다. 어질기만 한 원신이어서는 안
된다는 뜻이다.

·모자자멸(母慈子滅) : 어질기만 한 어미는 자식을 망치게
한다.

德道經

不貴難得之貨 使民不爲盜
(불귀난득지화 사민불위도)

▶ 어렵게 얻은 재물이지만 그것을 귀하게 여겨 소유하지 않는
　다면 사람들로 하여금 훔치려는 마음이 들지 않게 할 것이다.

노자의 해설

☯ 어렵게 얻은 재물이지만 어려운 분신들에게 나누어 주면
　다른 분신들이 훔치려 들지 않는다.

不見可欲 使民心不亂
(불견가욕 사민심불란)

▶ 내재된 욕심을 나타내지 않는다면 사람들로 하여금
　그 마음이 어지럽게 되지 않게 할 것이다.

노자의 해설

☯ 도리에 어긋난 행동과 내 욕심만 채우려는 마음으로 분신
　(다른 원신의 분신을 뜻함)의 마음을 어지럽히면 안 된다.

是以 聖人之治 虛其心 (시이 성인지치 허기심)

▶ 이로써 성인의 다스림은 그 마음을 비우는 데에서 비롯된다.

노자의 해설

☯ 원신의 키움의 철학은 분신의 잘못에 대한 적절한 처벌과
덕을 보고자 하는 마음과 감정을 앞세우지 않는 것이다.

· 聖人 : 원신

實其腹 弱其志 (실기복 약기지)

▶ 그 배는 실하게 하고 그 뜻은 약하게 하라.

노자의 해설

☯ 기신관리(己身管理) : 육체를 먼저 튼튼하게 하고 지식을
쌓아라.

强其骨 常孩使民 無知無欲也
(강기골 상해사민 무지무욕야)

▶ 그 기골이 강하고 사람들로 하여금 항상 어린아이와 같은
마음을 갖고 산다면 지식도 없고 욕심도 없어지는 것이다.

德道經

노자의 해설

☯ 어린아이는 순수한 존재이므로 순수 그 자체를 강조한 것
이다.

使夫知者 不敢爲也(사부지자 불감위야)

▶ 무릇 지식인으로 하여금 그 지식을 통하여 감히 자기의
이익만을 얻으려 하지 않게 한다.

爲無爲而 *則無不治(위무위이 즉무불치)

▶ 행하나 강제로 함이 없다면, 즉 못 다스릴 것이 없다.

노자의 보충설명

☯ 사람을 너무 칭찬하지 말고 경쟁을 방해하지 마라.

☯ 분신을 너무 치켜세우지 말고 분신끼리 경쟁하게 하라.

☯ 너무 재물을 좇지 말며 마음을 훔치는 것, 즉 도를 배우는
것을 방해하지 마라.

☯ 도는 공유하고 향유하여야 한다. 도를 배우는 것에 대하여
방해하지 말며 공개로 강의를 들을 수 있게 해주어라.

☯ 아름다움을 표시하지 말고 도통에 대한 욕망을 방해하지
마라.

☯ 외모에 너무 신경 쓰지 말고 심성을 가꾸는 것에는 방해하
지 마라. 즉 수도를 하는 것에 대하여 방해해서는 안 된다
는 뜻이다.

☯ 육체를 위해서 배를 채우지 마라. 그것은 야망과 몸을 강하게 만들려고 하는 의지를 약하게 할 뿐이다.

☯ 분신들이 지식에 대한 욕망이 부족하면 사회생활을 제대로 할 수 없다 지식은 많으면 많을수록 더 좋은 것이다.

☯ 원신은 스스로 행하는 자를 돕는다. 그렇지 않다면 떠돌이로 남을 뿐이다.

☯ 도를 구하지 않으면 도통이 되지 않는다.

德道經

第4章

主題 : 道

(以修)道沖而用之 使或不盈
(도충이용지 사혹불영)

▶ 도가 발현되고 그 쓰임새는 유혹으로 하여금 가득 차게 하지
않는다.

노자의 해설

☯ 도라는 것은 그 쓰임이 중용을 따르고 어느 한 곳에 편중
되지 않는다.

☯ 도를 닦는 것은 충살을 받는 것처럼 힘들고 유혹을 이겨내
는 것처럼 어렵다.

　·沖 : 그릇, 충살

　·道沖而用 : 도를 닦는 것

　·或 : 유혹

　·不盈 : 너무 ~해도 ~하지 않다(=지나치지 않다)

道者淵海似 以萬物之宗
(도자연해사 이만물지종)

▶ 도라는 것은 깊은 바다와 같음으로써 만물의 근본이 된다.

노자의 해설

☯ 도인은 만물을 다스리는 주인과 같다.

☯ 만물의 이치를 알아야 한다는 뜻.

☯ 모든 생명체는 바다에서 생겨났다. 사람도 바다와 같은 성
분의 양수 속에서 10개월 동안 양육되어진다.

  ·宗 : 주인(상통천문, 하달지리)

  ·淵 : 도인, 지구의 연못, 즉 바다를 일컬음.

道挫其銳 解其紛(도좌기예 해기분)

▶ 도는 그 예리함을 꺾고 그 엉킨 것을 풀어준다.

  ·挫 : 자기의 날카로운 성격을 꺾은 것

  ·紛 : 엉키고 꼬인 마음

德道經

道和其光 同其塵(도화기광 동기진)

▶ 도는 그 빛을 고르게 하고 그 티끌(먼지)과 하나가 된다.

노자의 해설

☯ 빛은 삼라만상을 고르게 비추고 먼지는 고르게 퍼진다.

  ☞ 도는 신분고하를 막론하고 우주만물을 고르게 대한다.

☯ 원신의 마음은 신분의 높고 낮음에 관계없이 어느 분신에
  게나 임한다.

湛兮 似或存(잠해 사혹존)

▶ 맑고 깊은 곳, 그 안에는 뭔가 있는 거 같다.

  ·湛 : 맑을 담

吾不知其誰之子 象帝之於先
(오불지기수지자 상제지어선)

▶ 나는 그 누구의 자식인지 알지 못하나 삼라만상의 왕보다
  먼저였을 것이다.

노자의 해설

☯ 나는 원신을 알지 못하나 나의 원신(原神)은 틀림없이 높았

을 것이다.

노자의 보충설명

☯ 도는 무한히 큰 그릇이며 스스로 이루어진 것이다.

☯ 도는 지구를 가득 채우지 않는다.

　☞ 자연과 더불어 사는 것이지 건축물로 꽉 채우지 않는 것으로 자연
　훼손을 경계한 말이다.

☯ 우주에는 얽히고 흐려지고 고요한 것도 있지만 그것을 그
　대로 놔둠으로써 질서를 유지시키며 우주의 고유한 운동
　을 중지시키지 않는다.

☯ 우주의 깊이는 숨겨져 있기도 하지만 편안하고 영원하다.

☯ 나는(=노자 자신) 우주가 어디서 왔는지 모른다. 우주는
　태초의 신(神)이신 태을신장 이전부터 있었다.

德道經

第5章

主題：原神之志

天地不仁 以萬物爲芻狗(천지불인 이만물위추구)

▶ 천지는 어질지 못함으로써 만물이 추구처럼 된다.

・芻狗 : 애완견을 대신할 수 있는 풀, 짚 등으로 만든 개이며 놀 잇감으로 제사 때에도 사용하였음 → 개처럼 홀대하여 즉 구하지 못한다는 뜻이다.

노자의 해설

☯ 천신과 지신은 어질지 못하여 중생들을 다 구하지 못한다.

*어질지 못하여 : 부덕함의 소치 → 신의 겸손함 표현

聖人不仁 以百姓爲芻狗(성인불인 이백성위추구)
▶ 성인은 어질지 못함으로써 백성들이 추구처럼 된다.

노자의 해설

☯ 원신은 어질지 못하여 분신들을 다 제도하지 못한다. 원신은 상벌로써 분신을 다스리므로 상을 받는 사람은 구제가 쉽지만 벌을 받은 분신은 구제하기가 그만큼 어려워지는 것이다.

天地之間 其猶橐籥乎(천지지간 기유탁약호)
▶ 하늘과 땅 사이는 공간이 있는 풍무와 피리 같다.

·橐籥(탁약) : 풍무
☞ 대장간에서 불의 온도를 높이기 위해 바람을 낼 때 쓰는 기구

노자의 해설

☯ 천신과 지신 사이에는 풀무와 피리 같은 공간적인 논리가 있는 것이다.

德道經

虛而不屈 動而愈出(허이불굴 동이유출)

▶ 비었으나 굴하지 않고 움직이면 에너지가 나온다.

노자의 해설

☯ 풀무와 피리는 속이 비어 있으나 굴절되지 않으며 풀무가 움직일 때마다 세찬 바람이 나오며 피리는 사람의 손가락이 움직일 때마다 아름다운 소리가 나온다. 풀무와 피리는 속이 비어 있지만 강하고 제 역할을 한다.

☯ 풀무가 바람을 배출시켜 불을 강하게 하듯이 천신과 지신은 기를 발산시켜 중생을 강화시킨다. 천신과 지신은 육체가 없어도 강하고 움직일 때마다 기가 나온다.

多言數窮 不如守中(다언삭궁 불여수중)

▶ 말을 많이 하게 되면 그 어휘의 구사력이 궁핍해지므로 중용을 지키는 것만 못하다.

· 中 : 중용

편집자 설명

☯ 이 구문은 노자가 원래 5장에서 넣으려고 한 말이 아니라 추신과 같은 글이다. 당시 천신(天神)과 지신(地神)에 대한 제자들의 질문이 많아서 노자가 한말을 후학들이 기재하게 된 것이다.

노자의 보충설명

☯ 원신은 친절하지 않다. 즉 분신이 스스로 하고자 하지 않으면 내버려 두며 도와주지 않는다.

☯ 원신은 어떠한 일에도 편애하지 않는다.

☯ 원신은 분신 셋 중에 어느 한 분신에게 편중되게 특혜를 주지 않는다.

☯ 원신은 풀무의 빈 공간과 같으며 정지함이 없이 공기를 만들어낸다. 원신은 풀무처럼 쉬지 않고 무의 상태에서 유를 창조하고 분신도 계속 설계한다. 더 많이 움직일수록 더 많이 분신을 설계하게 된다.

☯ 신은 예전부터 소비해 온 것이 아니므로 스스로 고갈되지 않는다. 신이 분신을 내는 에너지는 소비되지 않고 신의 에너지는 그대로 있다. 그러므로 에너지가 보존된다.

德道經

第6章

主題 : 原神不死

노자의 해설

☯ 생명의 여신은 죽지 않는다.

　·谷 : 계곡은 음이며, 음은 곧 여자를 지칭하는 것이므로 谷神
　은 여신(女神)에 해당한다.

☯ 후천(後天)의 신은 죽지 않는다.

　☞ 上峯 : 자오묘유의 기운이 돌아가는 때이다.

　中峯 : 인신사해의 기운이 돌아가는 때이다.

　坐谷 : 진술축미의 기운이 돌아가는 때이다.

　·谷 : 후천, 즉 우주의 기운이 진술축미의 기운으로 돌아가는
　때를 뜻한다.

是謂玄牝(시위현빈)

▶ 이것을 일컬어 현묘한 여신이라고 한다.

노자의 해설

☯ 후천의 생명은 왜 멸하지 않고 연속되는가? 그것은 도통을 하기 때문이다.

- 玄 : 원신(原神) = 태을신(太乙神)
- 牝 : 여자 분신(分身)
- 牛 : 도(道)

玄牝之門(현빈지문)

▶ 현묘한 여신의 문은

- 門 : 생명이 잉태되는 문으로서 자궁을 뜻한다.

是謂天地根(시위천지근)

▶ 이것을 일컬어 하늘과 땅의 근원이라고 한다.

德道經

綿綿若存(면면약존)

▶ 끊이지 않고 계속해서 존재한다.

・綿綿 : 솜과 솜이 이어져서 하나의 이불이 되는 것처럼 짜임새 있게 구성된 것

用之不勤(용지불근)

▶ 사용하더라도 근심하지 않는다.

노자의 해설

☯ 자궁은 생명을 잉태하고 출산하여도 그 근원이 없어지지 않는 것처럼 도는 아무리 사용하더라도 바닥이 나거나 닳아 없어지지 않는다.

노자의 보충설명

☯ 서두르지 않아도 도통하는 날은 온다. 때가 되면 되는 것이다.

☯ 영원함은 바다 밑에 있는 신과 같다.

☯ 원신은 자신을 드러내려 하지 않는다.

☯ 도는 아무리 사용하여도 없어지지 않는다.

☯ 분신이 고갈되지 않는 것처럼 도는 영원하다.

第7章

主題 : 完成

天長地久(천장지구)
▶ 하늘은 오래되고 땅은 변하지 않는다.

노자의 해설

☯ 도통이라 함은 몸은 장수하고 혼은 영원한 것이다.

· 地 : 몸

· 天 : 혼

天地所以能長且久者(천지소이능장차구자)
▶ 천지는 스스로 조절을 잘하기 때문에 능히 오래 지속되고 또한 변하지 않는 것이다.

德道經

以其不自生 故能長生(이기불자생 고능장생)

▶ 그러기에 자신만 위해 살지 않으므로 능히 장생하는 것이다.

노자의 해설

☯ 자기만을 위해 산다면 불이익을 주게 된다.

　　☞ 원신(原神)의 뜻에 반하여 사는 사람

☯ 도통한 자는 장수하면서도 능력을 갖게 된다.

是以聖人 後其身而身先(시이성인 후기신이신선)

▶ 이로써 성인은 그 몸을 뒤로 하기 때문에 몸이 앞서게 되는 것이다.

노자의 해설

☯ 성인은 자기 자신을 감추고 낮춤으로써 오히려 자신이 여러 사람 앞에 먼저 드러나게 되는 것이다.

外其身而身存(외기신이신재)

▶ 그 몸을 밖에 두기에 그 몸이 존재하는 것이다.

노자의 해설

☯ 자기 자신을 밖으로 버림으로써 자기를 존재하게 한다.

非以其無私邪 *故能成其私
(비이기무사사 고능성기사)

▶ 자신을 버린다 하여 진정 버려지는 것이 아니기 때문에
  그러므로 능히 자기를 완성시키는 것이다.

· 邪 = 捨(버릴 사)

노자의 보충설명

☯ 원신은 도통(완성)하기 위해 자기의 분신들을 돕지 않는다.
  다만 분신의 점수가 충만해지기를 기다릴 뿐이다.

☯ 신은 도를 통할 분신을 찾아서 정하는 데 있어서 시험을
  거쳐 만족스러운 분신을 찾아 도통하며, 분신과 도를 통한
  후에도 인간계와 천상계를 자유롭게 오고 간다.

☯ 원신은 분신을 특별히 돕지 않음으로 해서 오히려 완벽하다.

德道經

분신의 점수

천상계에서 원신이 분신을 평가하는 점수는 두 가지가 있다.

첫째는 각 분신의 원신이 평가하는 점수와 윤리위원회에서 평가하는 점수가 있으며 이 두 가지를 동시에 충족하여야 한다.

1. 각 분신의 원신이 평가하는 점수

a. 배점 방식 : 인의예지신

☞ 순서대로 100점 80점 60점 40점 20점

b. 300점 만점으로 9가지 항목이 있으며 원신마다 그 항목별 배점을 다르게 정하고 있다.

분신 강휘산 점수의 실례 : 총점 300점

재물	숙주관리	도
25	5	102
봉사	기도	포덕
26	40	33
기신관리	공덕	원신관리
20	14	35

·보너스 점수

① 경신(庚申)일 복음(復吟:두 번)기도

② 기도주를 수시로 암송하며 원신을 마음속으로 깊이 생각하며 모신다.

2. 천상계 윤리위원회에서 부여하는 점수

a. 배점방식 : 眞善美靜淑賢(10점씩 배점 합계 : 60도)

b. 360점 만점으로 각 원신이 부여하는 점수에 가중치를 두어 평가
   한다.

c. 중점항목 : 평소 마음과 내면세계를 중요시한다.

d. 감점대상 : 덕을 베풀지 않고 남을 해롭게 하는 행위

 ·道通法輪圖 : 윤리위원회에서 부여한 점수 도표

 ·점수의 계산은 도(道)를 안 날로부터 기산한다.

 ·0度 卽 360度 於 360度 卽 道通也(태을신장 말씀)

*점수계산 : 270을 1년간 합산하여 절기마다 점수 채점한다.

ex) 대한 ~ 입춘까지 점수 10점 → 270점대에 포함

                  15점 → 270점대에 포함

   입춘 ~ 우수   점수 5점 → 280점

   20점을 취득하면 10도가 가산된다.

德道經

분신들의 점수분포표

점 수 구 간(도)	인 원(명)
315~	840
292.5~314	380
270~292.5	180
270~	15,450
180~	116,500
90~180	380,000,000
0~	나머지 인구전체

第8章

主題：水

上善若水(상선약수)

▶ 가장 좋은 것은 물과 같은 것이다.

노자의 해설

☯ 가장 좋은 것은 물과 같이 되는 것이며 물처럼 사는 것이
가장 훌륭한 삶이다.

☞ 최상의 도는 물과 같다.

·上善若水 : 최상의 도

·水 : 道

水善利 萬物而不爭(수선리 만물이부쟁)

▶ 물은 최상의 이로움이며 만물과 다투지 않는다.

德道經

노자의 해설

☯ 물과 같은 최상의 도를 닦으면 분신끼리 사리사욕을 위해 다투지 않고 물 흐르듯이 순리대로 살 것이다.

· 萬物 : 분신

處衆人之所惡 *故幾於道
(처중인지소악 고기어도)

▶ 물은 모든 사람들이 싫어하는 곳에도 처하므로 물은 곧 도와 같다.

노자의 해설

☯ 악의 소굴에 있는 중생들을 보건대 기필코 도통을 해야 한다.

· 道 : 도통

· 幾 : 기필코

· 於 : 어기사

居善地 心善淵(거선지 심선연)

▶ 땅처럼 낮은 곳에 머무르고, 깊고 깊은 연못과 같은 마음을 유지하고

☯ 지상에서 최상의 선은 깊은 연못과 같은 마음이다.(분신이) 머무르는 곳(거주지)에서 도를 닦으라. 도인의 자세는 최상의 도를 닦는 자세여야 한다.

· 淵 : 도

與善仁 言善信(여선인 언선신)
▶ 인자하고 언행에는 신뢰가 있고

노자의 해설

☯ 도와 더불어 최상의 선은 인이며 최상의 말은 믿음이다. 마음의 자세는 어진자의 자세와 같이 하여야 하며, 말에는 믿음이 있어야 한다.

政善治 事善能 動善時(정선치 사선능 동선시)
▶ 정치에는 최선의 다스림이 있어야 하고, 일을 함에 있어서는 최선의 능력이 발휘되어야 하고, 이에 따른 최선의 행동은 계획된 시간표대로 하는 것이다.

노자의 해설

☯ 자기를 다스림에 정의로써 다스려라. 그래야 모든 일에 능력을 얻을 수 있고 그 능력을 발휘할 수 있을 것이다.

德道經

夫唯不爭 故無尤(부유부쟁 고무우)
▶ 무릇 오직 서로 다투지 않으면 허물도 없는 것이다

노자의 해설
☯ 그러므로 오직 도통만이 분신끼리 투쟁을 하지 않게 되는 것이며 그리하여 그것을 해원상생이라 한다.

·尤 : 원망

노자의 보충설명
☯ 최상의 분신은 물처럼 사는 사람이다.

☯ 최상의 분신은 모든 것들의 이익을 위해서 다른 분신들과 다투지 않는다.

☯ 최상의 분신은 물욕을 경계하며 자신의 본심을 나타내지 않는다. 물욕을 없애면 도와 함께 조화를 이룰 것이다.

☯ 원신이 사는 곳은 자연이고 생각하는 것은 우주와 같이 깊고 주는 것은 정에 치우치지 않는다.

☯ 원신이 말할 때는 신임을 갖게 말을 한다.

☯ 원신의 정치는 공평하고 청렴하다.

☯ 원신의 기능은 능력 안에서 자유자재로 발휘한다.

☯ 원신은 시의 적절하게 행동한다.

☯ 원신은 한 번 혼낸 분신을 다시 혼내지 않는다.

수도의 자세

· 기본준비 : 기도상(촛불, 향, 정화(한)수), 신명지(원신), 의복, 좌선, 주문(반야심경)
· 井華水(정화수) : 새벽 우물에 물안개가 서려 있는 물
· 靜寒水(정한수) : 정화된 찬물(냉수)
  cf) 靜眼水(정안수) : 눈이 보일 정도로 깨끗한 물
· 기도 시 물이 필요한 이유 : 물은 만물이 생장하는 생명의 근원이며 이는 곧 만물의 원신이고 도이므로 기도상에 물을 올리는 것이다.

德道經

수련 이론

뇌의 구조

뇌는 좌우로는 좌뇌, 우뇌, 측면의 측두엽, 전방의 전두엽, 후방의 후두엽, 안쪽의 뇌(정수리), 바깥의 뇌로 나눌 수 있다.

- 대뇌 : 컴퓨터의 CPU에 해당하며 논리를 담당하는 좌뇌와 감성을 담당하는 우뇌로 나누어진다.
- 소뇌 : 컴퓨터의 BUS에 해당한다.
- 간뇌 : 컴퓨터의 DRIVE에 해당한다.
- 중뇌 : 눈, 코, 입, 귀를 관장한다.
- 해마 : 메모리를 담당하여 치매, 기억력 상실과 관련된다.
- 척수 : 신경마비

뇌파

- 0 Hz : 가장 좋은 뇌파, 수련 시, 원신의 메시지를 받을 때
  ※ 0 Hz 대는 뇌파가 거의 없는 영역대로 잡다한 꿈도 꾸지 않게 되며 이때가 되어야 원신의 메시지를 받을 수 있다.
- 8 Hz : 수면 시, 그냥 꿈을 꿀 때, 평상 시

德道經

- 16 Hz : 휴식, 귀신이 좋아하는 Hz 영역대로 잘 때 가위에 눌릴 수도 있다.
- 32 Hz : 일상 활동, 불면증
- 수련을 통해 32Hz인 뇌파를 16HZ-)8HZ-)4HZ-)0Hz에 가깝게 수렴시키도록 해야 한다. 수련 시 처음에는 뇌파가 32HZ에서 16 Hz 영역대에 든다. 수련은 주문을 반복하는 수련이며 각기 원신이 다르듯 자기에게 맞는 주파수의 주문이 있다
- 도인들의 수련주문의 예 : "경타아정" "아정비가라아"
  "부가다아정비" "카라아정부가다"
- ☞ 주문의 뜻은 '소원이 이루어진다.'이며 원신이 보일 때까지 반복한다.

명상수련 시 뇌의 작용

- Meditation is an ancient discipline.
  명상은 아주 오래된 심신 수련법이다.
- But scientists have only recently developed tools sophisticated enough to see what goes on when you do it.
  그러나 과학자들은 단지 최근에야 명상을 할 때 뇌 안에서 무 슨 일이 진행되고 있는가를 알기에 충분한 세련된 도구들을 개발했을 뿐이다.
- Frontal lobe is the most highly evolved part of the brain,responsible for reasoning, planning, emotion and self-conscious awareness.
  전두엽은 추리, 계획, 정서와 자아의식의 자각을 담당하는 두 뇌의 가장 고도로 진화된 부분이다.

· During meditation, the frontal cortex tends to go offline.

명상을 하는 동안 앞이마 부분의 대뇌 피질은 자유롭게 되어 가는 경향이 있다.

· Parietal lobe of the brain processes sensory information about the surrounding world, orienting you in time andsoace.

뇌의 두정엽 부분은 주변세계에 관해 감지된 정보를 처리하고 당신의 시간과 공간에 대해 바르게 판단하도록 한다.

· During meditation, activity in the parietal lobe slows down.

명상을 하는 동안 두정엽 부분의 활동은 완만해진다.

수련 및 도의 완성 단계

① 호흡(呼吸) 및 이완(弛緩) : 마음을 비우기 위한 준비단계
② 교정(矯正) : 마음을 비우기 위한 실천단계
③ 각성(覺醒) : 자기 자신을 깨닫게 되는 단계
④ 관조(觀照) : 모든 사물을 긍정적으로 생각하며 자연을 자연 그대로 보게 되는 단계
⑤ 혜안(慧眼) : 천상계의 모든 신을 보고 느낄 수 있는 단계
⑥ 신통(神通) : 원신과 양방소통이 가능한 단계

德道經

第9章

主題：功成身退

持而盈之 不如其已(지이영지 불여기이)

▶ 가득 채우는 것은 비어 있는 것만 못하다.

노자의 해설

☯ 공간을 너무 가득 채우지 말고 여백을 남겨라.

揣而銳之 不可長保(취이예지 불가장보)

▶ 쇠를 두들겨서 너무 날카롭게 하는 것은 그 날카로움이 오래 가지 않는다.

노자의 해설

☯ 모든 것을 너무 완벽하게 하려고 하는 완벽주의를 고집하

지 마라. 차라리 조금 모자람이 낫다.

金玉滿堂 莫之能守(금옥만당 막지능수)

▶ 집에 금과 옥으로 가득 채운다 하여도 능히 그것을 지키기가
어렵다.

노자의 해설

☯ 너무 욕심을 부리면 오히려 잃는 것이 많다.

富貴而驕 自遺其咎(부귀이교 자귀기구)

▶ 부귀한 것이 넘쳐서 교만해지면 그것은 스스로 허물을 남기는
것이다.

· 咎 : 재앙, 허물

노자의 해설

☯ 부귀할수록 덕을 베풀어야 한다. 그렇지 않으면 재앙이 도
래한다.

德道經

功成名遂 故身退天之道
(공성명수 고신퇴천지도)

▶ 공을 이루어 이름을 널리 알렸으면 자고로 물러날 줄 알아야
한다. 그것이 하늘의 도이다.

노자의 해설

☯ 성공하여 이름을 알렸으면 몸은 스스로 물러나는 것이 신
의 뜻이다.

☯ 그러므로 평생 욕심을 내어 돈 버는 데에 신경을 써서
4~50대에 부를 축적하였으나 몸에 병이 들어 그 모아 놓은
돈을 써보지도 못하고 죽는 사람도 많다.

· 天 : 神

· 道 : 意(뜻)

노자의 보충설명

☯ 물독을 가득 채우는 것은 어렵지만 그것을 엎지르는 것은
쉽다.

☯ 검의 성질을 단련시키는 것은 어려우나 그 검으로 사람을
찌르는 것은 쉽다.

☯ 거대한 재산을 축적하는 것은 어렵지만 그것을 잃어버리기
는 쉽다.

☯ 정직과 신용을 쌓기는 어려우나 잃어버리는 것은 쉽다.

☯ 목적한 바를 이루었으면 자리에서 물러나라. 그것이 신상
에 이로우며 자연의 순리인 것이다.

2009년 6월 25일 축시에 노자원신이 남긴 메시지

神이 곧 道이며

神이 곧 眞實이며

神이 곧 生命이다.

神은 分身을 놔두고 九天世界에 가려 하지 않는다.

德道經

第10章

主題：玄妙之德

載魄抱一 能無離乎(재백포일 능무리호)

▶ 백에 혼이 실려 하나가 되었더라도 혼이 백으로부터 빠져
  나가지 않게 할 수 있겠는가?

· 魄 : 육체(肉體)

· 魂 : 정신(精神)

노자의 해설

☯ 백이 혼이 빠져나가지 않도록 감싸고 있더라도 마가 들어
  올 때 그 마가 백으로부터 혼을 떼어 놓지 않게 할 수 있
  겠는가?

· 載 : 적재하다. 몸에 실리다.

· 抱一 : 혼백이 하나가 된 상태(즉 마가 끼이지 않은 상태)

65

專氣致柔 能如嬰兒乎(전기지유 능여영아호)

▶ 기가 몸에 들어와서 백이 부드럽게 되었다 하더라도 갓난아이 처럼 부드럽게 될 수 있겠는가?

노자의 해설

☯ 아무리 기수련을 하더라도 심성과 인성이 갓난아이의 몸처럼 부드러워지겠는가? 마음의 온유함은 기수련만으로 되는 것은 아니다.

·氣 : 몸의 기운

·柔 : 부드러운 심성

·嬰兒 : 갓난아이

滌除玄覽 能無疵乎(척제현람 능무자호)

▶ 마음의 때를 깨끗하게 제거한다 해도 과연 그 마음의 티가 하나도 없겠는가?

노자의 해설

☯ 잘못을 하고 원신에게 용서를 받았다고 하더라도 과연 마음의 흠까지 깨끗이 없어지겠는가?

·玄 : 원신(原神)

·覽 : 마음을 보고 그 마음으로 용서하다

·疵 : 흠결

德道經

愛民治國 能無爲乎(애민치국 능무위호)

▶ 백성을 사랑하고 나라를 다스림에 있어 무위(인위적으로 강제로 시키지 않음)를 실천할 수 있겠는가?

노자의 해설

☯ 무위로 백성을 사랑하고 나라를 다스린다면 백성들로부터 신망을 얻을 것이다.

　　·무위정치 = 민주주의

天門開闔 能無雌乎(천문개합 능무자호)

▶ 하늘의 문을 열고 닫음에 여신(女神) 없이 되겠는가?

노자의 해설

☯ 천문으로 들어가는 것은 원신 없이 가능하겠는가?

☯ 천문에 갈 수 있다는 것은 도통할 수도 있다는 뜻이다.

　　·天門 : 3天과 4天사이의 관문

　　·開闔 : 열리고 닫힘

　　·雌 : 原神

明白四達 能無知乎(명백사달 능무지호)

▶ 밝음이 사방으로 퍼져나가 무지의 경지를 이루겠는가?

· 무지(無知) : 지혜를 헤아릴 수 없음

노자의 해설

☯ 사방으로 명백하게 달통한 사람을 보고 지식이 없다고 할
수 있겠는가?

☞ 앞으로 여러 나라에서 도통군자가 배출되는데 그 도통군자에게 지
식이 없다고 할 수 있겠는가?

· 四達 : 여러 나라에서 도통됨을 의미

· 明白 : 도통군자가 명명백백하게 온 천하에 드러남

生之 畜之(생지 축지)

▶ 그것을 낳고 그것을 기르는 것

노자의 해설

☯ 도를 닦고 점수를 쌓아라.

德道經

生而不有 爲而不恃(생이불유 위이불시)

▶ 낳았으나 소유하려 하지 않고 거기에 기대려 하지 않는다.

노자의 해설

☯ 내가 생산한 재화를 다 소유하려 하지 말고 또 그 재화에
만 의존하려 하지 마라.

　·有 : 소유

　·恃 : 믿을 시, 기댈 시

長而不宰 是謂玄德(장이부재 시위현덕)

▶ 지도자가 되었다 하여 임금처럼 군림하려 들지 말라.
이것을 일컬어 현묘한 덕이라고 한다.

노자의 해설

☯ 오래 살려고만 노력하지 말고 높은 관직만을 취하려 하지
마라. 이것이 원신이 바라는 현묘한 덕이다.

☯ 욕심을 버리고 순리대로 사는 것을 의미한다.

　·宰 : 임금, 재상

노자의 보충설명

☯ 도를 받아들여라. 그러면 도통군자가 될 것이다.

☯ 신을 받아들이면 그대는 새롭게 태어나게 될 것이다.

☯ 마음을 정화시키면 청결한 사람이 될 것이다.

☯ 어린아이의 몸처럼 마음을 자연스럽고 온유하게 하라.

☯ 마음을 열고 어느 쪽에도 치우치지 않는 중용의 덕을 갖추
어라.

☯ 세상의 이치를 받아들이는 순종자가 되어라. 그리하면 도
통하게 될 것이다.

☯ 출산하고 양육하고 창조할 수 있는 사람은 도통군자가 될
것이다.

☯ 이 모든 도통이 조건 없이 이루어지는 것은 아니다. 이것이
바로 공명정대한 삶이다.

德道經

第11章

主題 : 空間

三十輻共一轂 當其無 有車之用
(삼십폭공일곡 당기무 유차지용)

▶ 수레바퀴를 이루려면 삼십 개의 바퀴살이 있고 거기에는
　공간이 있어야 수레로서 효용가치가 있다.

· 無 : 없음, 공간

· 30개 : 10의 수를 합으로 보았으며 10이 세 개가 되어 삼합을
　　강조하기 위함. 사주에서도 대운을 삼순년(30년)단위로 본다.

노자의 해설

☯ 너무 곳간에 재물을 가득 채우려 하지 말고 배 속에도 음
　식물을 가득 채우려 하지 마라.

☞ 여백의 미를 강조한 것이다.

· 위장에 음식을 가득 채우면 위장에 탈이 나고, 창고에 재물이
　가득하면 도둑이 창궐하고, 백지에 글씨가 가득 차면 정신이

혼란해진다.

埏埴以爲器 當其無 有器之用
(연식이위기 당기무 유기지용)

▶ 흙으로 빚어 그릇을 만드는 데 있어 거기에는 공간이 있어야
그릇으로서 효용가치가 있다.

鑿戶牖以爲室 當其無 有室之用
(착호유이위실 당기무 유실지용)

▶ 집을 짓는 데 있어 벽을 뚫어 창과 문을 만들고 집안에 공간이
생겨야 집으로서 효용가치가 있다.

· 鑿 : 뚫다 착

· 戶 : 창 호

· 牖 : 문유(door)

故有之以爲利 無之以爲用
(고유지이위리 무지이위용)

▶ 집이 있는 땅은 편리함을 주지만 집이 없는 빈 땅은 효용
가치를 높게 한다.

· 有 : 有室

· 無 : 無室

72

德道經

第12章

主題 : 世俗의 物質

五色令人目盲 五音令人耳聾
(오색영인목맹 오음영인이농)

▶ 오색은 눈을 멀게 하고 오음은 귀를 멀게 한다.

노자의 해설

☯ 너무 보는 것에 집중하면 시력을 약화시키고 너무 듣는 것에 집중하면 청력을 약화시킨다.

五味令人口爽(오미영인구상)

▶ 다섯 가지 맛은 사람의 입맛을 무뎌지게 한다.

☯ 너무 맛있는 음식을 많이 먹게 되면 음식의 참맛에는 무뎌지게 된다.

馳騁畋獵 令人心發狂(치빙전렵 영인심발광)

▶ 말을 타고 달리고 사냥하는 것은 사람의 마음을 광분하게 한다.

노자의 해설

☯ 너무 자극적인 것에 치중하면 마음이 산란해진다.

難得之貨 令人行妨(난득지화 영인행방)

▶ 얻기 힘든 재물로 인하여 남을 시기하는 행동을 하게 한다.

노자의 해설

☯ 남이 잘 되는 것은 남 탓이고 내가 못 되는 것은 내 탓이다.

德道經

是以聖人 爲腹不爲目 故去彼取此
(시이성인 위복불위목 고거피취자)

▶ 이로써 성인은 눈을 위하지 않고 배를 위하므로 전자는 피하고
  후자를 취한다.

노자의 해설

☯ 성인은 살기 위해 먹는 것이지, 즐기기 위해 먹는 것은 아
  니다.

第13章

主題 : 犧牲

寵辱若驚 貴大患若身(총욕약경 귀대환약신)

▶ 칭찬과 나무람에 신경을 쓰고 큰 근심을 내 몸과 같이 귀하게
여겨라.

·驚 : '관심가지다'의 뜻으로 쓰임

何謂寵辱若驚(하위총욕약경)

▶ 칭찬과 나무람을 신경 쓰는 것(총욕약경)이란 무엇을 일컫는
말인가?

노자의 해설

☯ 자기 자신에게 닥친 일을 운명으로 받아들이고 스스로 해
결하라.

德道經

寵爲下(총위하)
▶ 총(寵)이라는 것은 자기를 낮추는 것이다.

得之若驚 失之若驚(득지약경 실지약경)
▶ 얻는 것도 신경을 쓰는 것 같이 하고 잃는 것도 신경을쓰는 것 같이 하라.

(故)是謂寵辱若驚(고시위총욕약경)
▶ 그러므로 이것을 일컬어 총욕약경이라고 한다.

何謂貴大患若身(하위귀대환약신)
▶ 큰 근심을 내 몸처럼 귀히 여기는 것은 무엇을 일컫는 것인가?

吾所以有大患者 爲吾有身
(오소이유대환자 위오유신)
▶ 나로 말미암아 큰 근심이 있는 것은 나의 육체가 있기 때문이고

及吾無身 吾有何患(급오무신 오유하환)

▶ 내 육체가 없다면 나에게 어떤 고난이 있겠는가?

故貴以身爲天下 若可寄天下
(고귀이신위천하 약가기천하)

▶ 그러므로 천하를 위하여 귀한 내 몸을 바친다면 천하를 다스릴 수 있을 것이다.

愛以身爲天下 若可託天下
(애이신위천하 약가탁천하)

▶ 천하를 위하여 사랑하는 내 몸을 바치는 자는 천하를 맡아 다스릴 수 있을 것이다.

노자의 해설

☯ 평화를 지키기 위해서는 자기희생이 뒤따른다.

노자의 보충설명

☯ 자기 몸을 고달프게 하라. 그것이 건강하게 장수하는 비결이다.

☯ 자기 몸을 아끼고 게을리 한다면 자기 몸에 병이 찾아와 결국에는 병고사할 것이다.

78

德道經

第14章

主題 : 無의 世界

視之不見 名曰夷(시지불견 명왈이)
▶ 그것을 보려고 해도 보이지 않는 것을 '이'라고 한다.

聽之不聞 名曰希(청지불문 명왈희)
▶ 그것을 들으려 해도 들리지 않는 것을 '희'라고 명한다.

搏之不得 名曰微(박지부득 명왈미)
▶ 그것을 잡으려 해도 잡히지 않는 것을 '미'라고 명한다.

此三者 不可致詰(차삼자 불가치힐)

▶ 이 세 가지로도 밝혀지지 않는 것

故混而爲一 名曰神(고혼이위일 명왈신)

▶ 그러므로 위 세 가지(이, 희, 미)가 합하여 하나를 이룬 것을 신이라고 말한다.

노자의 해설

☯ 이 세 신명(神明)이 합쳐진 것을 혼신(混神)이라고 한다. 혼신은 곧 삼신(參神)이다. 예) 삼신할머니

· 夷 : 東夷 신명(神明)을 지칭한 것임

· 希 : 天希 신명(神明)을 지칭한 것임

· 微 : 紫微 신명(神明)을 지칭한 것임

其上不皦 其下不昧(기상불교기하불매)

▶ 위라고 해서 밝은 것이 아니고 아래라고 해서 어두운 것이 아니다.

노자의 해설

☯ 상신(上神)이라고 해서 이치에 밝은 신이라 할 수 없고 하

80

德道經

신(下神)이라고 해서 이치에 어둡다고 할 수 없다.

·상신 : 4天 이상의 神

·하신 : 3天 이하의 神

繩繩不可名(승승불가명)

▶ 끝없이 이어지니 무어라 명할 수 없다.

노자의 해설

☯ 신은 죽지 않고 영원히 존속되어진다.

☞ 繩繩

復歸於無物(복귀어무물)

▶ 결국 물질이 없는 세계로 다시 돌아가는 것이다.

노자의 해설

☯ 언제가 사람은 물질(육체)없는 신(영혼)으로 돌아간다.

·物 : 육체

＊是謂無狀之狀(시위무상지상)
▶ 이것을 일컬어 형상이 없는 형상이라고 할 것이다.

노자의 해설

☯ 신은 존재하지만 보이지 않을 뿐이다.

＊無物之象 是謂恍惚(무물지상 시위홀황)
▶ 물체가 없는 형상이며 이것을 일컬어 '황홀'이라고 한다.

노자의 해설

☯ 신은 물질이 없는 형상이며 이것을 황홀한 신이라고 부르기도 한다.

迎之不見其首(영지불견기수)
▶ 영접을 하여도 그 얼굴이 보이지 않고

德道經

隨之不見其後(수지불견기후)

▶ 뒤를 따라가며 보려 해도 그 뒤를 볼 수 없다.

執古之道 以御今之有(집고지도 이어금지유)

▶ 태고의 도로써 지금의 상황을 이해하라.

·有: '알 수 있다'의 의미

노자의 해설

☯ 태고의 도만이 신의 존재를 알려줄 수 있다.

能知古始(능지고시)

▶ 태고의 시작을 알 수 있을 것이다.

노자의 해설

☯ 태고의 시작과 끝의 원리를 알 수 있을 것이다.

是謂道紀(시위도기)

▶ 이를 일컬어 도의 기원이라 한다.

노자의 보충설명

☯ 도란 신이 우주 만물을 창조하고 계속하여 분신을 설계하
는 일련의 과정을 터득하는 것이다.

☯ 신은 보이지 않는다.

신의 소리는 들리지 않는다.

신은 만질 수 없다.

독립적인 영혼은 육체가 없다.

德道經

第15章

主題 : 道通君子

古之善爲士者 微妙玄通
(고지선위사자 미묘현통)

▶ 옛날에 훌륭한 업적을 이룩한 선비는 미묘하고 현묘한 곳과도 통하니

深不可識 夫唯不可識(심불가식 부유불가식)

▶ 그 깊이를 알 수 없다. 무릇 그 깊이를 알 수 없으니

故强爲之容(고강위지용)

▶ 그러므로 드러난 모습을 보고 억지로 평가하려면

豫焉若冬涉川(예언약동섭천)
▶ 겨울에 언 개울을 살피며 건너는 것과 같이 조심스럽고

猶兮若畏四隣 儼兮其若客
(유혜약외사린 엄혜기약객)
▶ 사방의 이웃을 대하듯 주춤거리고 손님처럼 어려워하고

渙兮若氷之將釋(환혜약빙지장석)
▶ 녹으려는 얼음처럼 결빙 같은 맺힘이 없고

敦兮其若樸(돈혜기약박)
▶ 다듬지 않는 통나무처럼 소박하고

曠兮其若谷 混兮其若濁
(광혜기약곡 혼혜기약탁)
▶ 계곡처럼 트여 있고 흙탕물처럼 탁하다.

· 曠 : 저장 가능하게 비어있는(=empty)

德道經

孰能濁以靜之徐淸(숙능탁이정지서청)

▶ 누가 능히 탁한 물을 서서히 깨끗하게 정화시킬 수 있겠는가?

孰能安以久動之徐生(숙능안이구동지서생)

▶ 누가 능히 오랫동안 고정되어 있는 것을 움직여서 서서히 생동하게 할 수 있겠는가?

保此道者 不欲盈(보차도자 불욕영)

▶ 도를 체득한 자는 어떠한 것이든 가득 채워지기를 원치 않는다.

夫唯不盈 故能蔽不新成
(부유불영 고능폐불신성)

▶ 채워지기를 원하지 않으므로 능히 멸망하지도 않고 영원히 새로워지지도 않는다.

노자의 해설

☯ 도통군자는 망하지도 않고 새로 바뀌는 것도 아니고 늘 변함없이 영원하다.

· 新成: 새로워지는 것

노자의 보충설명

☯ 도통군자의 지식은 겉모습만 보고서는 그 깊이를 알 수 없
  다. 도통군자들은 일반사람들이 이해할 수 없기 때문이다.
☯ 사람들은 단지 도통군자들의 외형만 볼 뿐이다.

德道經

主題：復之根

致虛極 守靜篤(지허극 수정독)

▶ 허가 극에 이르도록 하고 참된 고요함을 지켜라.

노자의 해설

☯ 완전히 마음을 비우고 마음을 편하게 하라.

萬物竝作(만물병작)

▶ 만물이 어울려서 생겨날 때

노자의 해설

☯ 분신들이 어울려 태어나는 것

吾以觀復(오이관복)

▶ 나는 원래대로 자연으로 되돌아가는 것도 보게 된다.

노자의 해설

☯ 나는 그들이 무덤으로 되돌아가는 것을 눈여겨본다.

夫物藝藝 各復歸其根(부물예예 각부귀기근)

▶ 무릇 만물이 무성하게 뻗어가나 결국 각각 다시 그 뿌리로 돌아간다.

· 根 : = 원신(原神)

歸根日靜(귀근왈정)

▶ 그 뿌리로 돌아가는 것은 안정을 찾음이다.

是謂復命(시위부명)

▶ 이를 일러 제 명을 찾아감이라 한다.

德道經

復命曰常(부명왈상)

▶ 제 명을 찾아감이 영원한 것이다.

·常 : 영원할 상

知常曰明(지상왈명)

▶ 영원한 것을 아는 것을 명(밝음=진리)이라고 한다.

·明 : 진리

不知常 妄作凶(부지상 망작흉)

▶ 영원한 것을 알지 못하면 허망함과 흉액을 당하게 된다.

노자의 해설

☯ 비도통군자인 분신은 재난을 당할 수 있다. 원신의 뜻대로
살지 않으면 벌을 받을 수도 있다.

知常容 容乃公(지상용 용내공)

▶ 영원한 것을 알면 너그러워지고 너그러워지면 곧 공평해진다.

노자의 해설

☯ 원신의 법도를 받아들이고 원신을 받들면 멸하지 않을 것이다.

☯ 분신 3명 중 점수가 가장 높은 자는 원신에게로 가서 분원신이 되어 원신과 함께 공명정대하게 지내게 된다.

公乃王 王乃天 天乃道 道乃久
(공내왕 왕내천 천내도 도내구)

▶ 공평함은 곧 왕도요, 왕도는 곧 천도요, 천도는 곧 대도이다. 대도는 곧 영원함이라.

沒身不殆(몰신불태)

▶ 이와 같이 하면 몸이 다하는 날까지 위태로울 것이 없다/.

노자의 해설

☯ 분신의 몸이 다하는 날까지 도는 없어지지 않는다.

노자의 보충설명

☯ 공평하게 되는 것은 원신처럼 되는 것이다.
원신처럼 되는 것은 능력자가 되는 것이다.
능력자가 되는 것이 바로 도통이 되는 것이다.
도통이 되는 것은 영원히 사는 것이다.

德道經

第17章

主題：指導者

太上 不知有之(태상 부지유지)

▶ 최상의 지도자는 백성들이 그가 존재하는 것조차 알지 못하는 것이다.

편집자 설명

☯ 17장의 마지막 구절에서 백성에 대한 언급이 있는 것으로 보아 지도자에 대한 내용으로 유추할 수 있다.

其次親之譽之(기차친지예지)

▶ 그 다음 지도자는 백성들과 친하고 백성들이 명예스럽게 여기는 자이다.

其次畏之(기차외지)

▶ 그 다음 지도자는 백성들이 두렵게 여기는 자이다.

其次侮之(기차모지)

▶ 그 다음 지도자는 백성들로부터 업신여김을 받는 자이다.

信不足焉 有不信焉(신부족언 유불신언)

▶ 지도자에게 신의가 부족하면 백성들로부터 불신을 얻게 된다.

悠兮其貴言(유혜기귀언)

▶ 훌륭한 지도자는 말을 아끼고 삼간다.

功成事遂(공성사수)

▶ 지도자가 맡은 일을 성취해서 공을 이루면

德道經

百姓皆謂我自然(백성개위아자연)

▶ 백성들 모두가 일컫기를 자신들에게 '스스로 이루어진 것이다.' 라고 한다.

노자의 해설

☯ 백성들은 스스로 잘해서 이루어진 것으로 생각한다. 즉 지도자의 덕이 아니라고 생각한다.

主題：廢道

第18章

大道廢 有仁義(대도폐 유인의)
▶ 대도가 없어지면 인과 의가 회자된다.

노자의 해설
☯ 인과 의의 부덕의 소치로 도가 없어졌다고 사람들이 이야기한다. 도를 망각하면 인과 의가 실추되는 것이니 항상 도를 잊지 말아야 한다.

慧智出 有大僞(혜지출 유대위)
▶ 지략과 지혜가 판치면 위선이 창궐하게 된다.

德道經

六親不和 有孝慈(육친불화 유효자)

▶ 가족이 화합하지 못함으로 인하여 효성심과 자애심이 회자된다.

노자의 해설

☯ 효성심과 자애심이 부족하여 가족이 화합되지 못하게 되고 사람들의 입에 회자된다.

國家昏亂 有忠臣(국가혼란 유충신)

▶ 국가가 혼란해지면 영웅 같은 충신이 나오게 된다.

主題 : 棄慾純心

絶聖棄智 民利百倍(절성기지 민리백배)

▶ 지도자가 성스러움과 이기적인 것을 버리면 백성들에게 이로움이 훨씬 많을 것이다.

노자의 해설

😊 세상의 분신들이 성스러운 체, 아는 체하지 않아야 도 점수를 높게 받을 수 있다.

絶仁棄義 民復孝慈(절인기의 민복효자)

▶ 인과 의가 없어지면 사람들에게서 효성심과 자애심이 다시 살아날 것이다.

·도〉〉 인의예지신〉〉 효,자애

德道經

☯ 인과 의가 없어지면 마음에 효성과 자애심이 생긴다.

絶巧棄利 盜賊無有(절교기리 도적무유)
▶ 기교와 이익을 취하려는 마음을 버리면 도적이 사라질 것이다.

노자의 해설
☯ 도적은 특정 기능인으로서, 즉 도적질의 달인을 지칭한다.

此三者 以爲文不足(차삼자 이위문부족)
▶ 이 세 가지는 문명을 위한 것이지만 그것만으로는 부족하다.
　·세 가지 : 성스러움과 이지적, 인과 의, 기교와 이익

故令有所屬(고령유소속)
▶ 그러므로 부연되는 바가 있어야 한다.

노자의 해설
☯ 제자백가와 같은 곳에 소속되어 공부를 하여야 한다. 도인
은 폭넓게 많이 알아야 한다.

見素抱樸(견소포박)

▶ 다듬지 않는 통나무같이 소박함과 순박함을 드러내고

노자의 해설

☯ 생활의 달인은 소박한 자연스러움이 없다. 단지 연마한 것이다.

少私思不寡欲(소사사불과욕)

▶ 개인적인 주장을 적게 하고 욕심을 지나치게 갖지 않는 것이다.

노자의 해설

☯ 자기만 옳다고 주장하지 마라.

德道經

第20章

主題：差異

絶學無憂何(절학무우하)
▶ 배우는 것을 중단하면 근심이 없어질 것인가.

노자의 해설

☯ 배움을 중단하면 아니 배움만 못하다. 삶은 배움의 시작
이다.

唯之與呵 相去幾何(유지여아 상거기하)
▶ 거부와 동의의 차이가 얼마나 다르겠는가.

노자의 해설

☯ 거부와 동의의 차이는 종이 한 장 차이이다.

美之與醜 相去若何(미지여추 상거약하)
▶ 아름다움과 추함의 차이는 얼마나 다르겠는가.

노자의 해설

☯ 아름다움과 추함은 차이가 없으며 개성을 존중해야 한다.

人之恐畏 相去焉何(인지공외 상거언하)
▶ 사람이 느끼는 공포와 두려움의 차이는 얼마이겠는가.

노자의 해설

☯ 공포는 현재의 상황에 대하여 느끼는 것이고 두려움은 미래에 다가올 상황에 대해서 느끼는 것이다.

荒兮其未央哉徨堂無開(황혜기미앙재 황당무개)
▶ 중앙의 땅이 아닌 곳을 어찌 거칠다고 하겠는가?
황당무개하기 이를 데 없다.

· 央 : 중앙(中央)의 토(土)를 말한다.

· 徨堂無開 : 성황당을 모시는 집을 찾아 갔는데 대문은 열려져 있으나 아무도 없었다는 것에서 유래.

德道經

衆人焉熙熙樂樂(중인언희희낙낙)

▶ 사람들이 기뻐하고 즐거워하는 것은

又如存太牢熙 如春登臺熙
(우여존태뢰희 여춘등대희)

▶ 태을 감옥에서 살아난 것처럼 기쁘고 봄날 망루에 오른 것처럼 기쁜데

·太牢 : 태을의 감옥 ☞ 편집자 설명 참조

我獨泊兮 其未兆雁(아독박혜 기미조안)

▶ 나 홀로 떠돌아다니니 가정을 꾸려 행복하게 살 조짐이 아니 보이고

如嬰兒之未孩(여영아지미해)

▶ 어린 아이도 아닌 갓난 아이 같고

儽儽 兮若無所歸(래래 혜약무소귀)

▶ 지친 몸 돌아갈 곳이 없는 것과 같다.

衆人皆有餘 而我獨若不遺
(중인개유여 이아독약불유)
▶ 사람들은 모두 남겨줄 유산이 있는데 나만 홀로 남겨줄
   유산이 없다.

我愚人之心也哉 沌沌兮昏昏
(아우인지심야재 돈돈혜혼혼)
▶ 내 마음은 어리석고 흐리멍덩하고 혼란스럽다.

俗人昭昭 我獨若昏昏(속인소소 아독약혼혼)
▶ 세상 사람들의 표정은 밝은데 나 혼자만 어두운 것 같다.

俗人察察 我獨若悶悶(속인찰찰 아독약민민)
▶ 세상 사람들은 세밀하게 살펴서 일을 추진하는데 나 홀로
   번민만 하고 있는 것 같다.

澹兮其若海 飂兮若無止(담혜기약해 료해약무지)
▶ 고요한 바다와 같고 쉬지 않는 바람과 같다.

德道經

衆人皆有以目 而我獨頑似鄙
(중인개유이목 이아독완사비)

▶ 사람들은 모두 목적이 있는데 나만 홀로 완고하고 맹목적인
것 같다.

我獨異於人 而貴食母(아동이어인 이귀식모)
▶ 나만 홀로 사람들과 다른 것은 어머니 돌봄을 귀하게 여기기
때문이다.

노자의 해설

☯ 나(노자)는 외아들로 어머니를 모셨으며 효자노릇을 해야
했고 도를 닦기 위해서 속세의 사람들과 어울리지도 못하
고 부를 축적하지도 못하였다.

·食母 = 玄牝(小宇宙) = 道

천상계 감옥 : 총 14장(개)

☯ 1장(1개) : 태을뢰 ☞ 태을옥황상제가 관장한다.

지구만한 감옥으로 죄인들을 방목한다.

먹을 것을 주지 않으며 약육강식의 삶이 무한 반복된다.

☯ 1장(1개) : 조벌뢰 ☞ 조벌파군대장군이 관장한다.

행장 : 행정벌로서 금고형(단기)이 있다.

☯ 3장(3개) : 명부뢰 ☞ 명부시왕이 관장한다.

중죄인이며 기한이 없다 육체가 갇혀 있으며 육체적 고통이

영원히 지속된다.

형장(형벌), 수장(무기금고, 독방),

귀장(각종 흉악한 떠돌이 귀신과 같이 산다.)

☯ 9장(9개) : 동인뢰 ☞ 동인선사가 관장한다.

육신은 자유로우나 환경이 좋지 않다.

지옥, 아수라, 축장, 화장, 수장, 석장, 철장, 목장, 토장

德道經

천상계 선사(天上界 仙士)

☯ 선사 : 상담사 임무 ☞ 일종의 박사로 시험을 거쳐야 한다.

　　천상계에는 총 네 분의 선사가 계신다.

　　同人仙士(동인선사) : 운명상담

　　草熙仙士(초희선사) : 복지상담

　　韓熙仙士(한희선사) : 교육상담

　　道率仙士(도솔선사) : 종교상담

主題：孔德

孔德之容 惟道是從(공덕지용 유도시종)
▶ 훌륭한 덕이라는 것은 오직 도를 따르는 것이다.

道之爲物 惟恍惟惚(도지위물 유황유홀)
▶ 도의 바탕은 오직 황홀하고 황홀할 뿐이다.

惚兮恍兮 其中有象(홀혜황혜 기중유상)
▶ 황홀하고 황홀하지만 그 중심에는 형상이 있다.

德道經

恍兮惚兮 其中有物(황혜홀혜 기중유물)
▶ 황홀하고 황홀하지만 그 중심에는 물질이 있다.

노자의 해설

☯ 도는 마음속에 있고 심오한 뜻이 함축되어 있다.

窈兮冥兮 其中有精(요혜명혜 기중유정)
▶ 그윽하고 어둡지만 그 중심에는 정기(精氣)가 있다.

其精甚眞 其中有信(기정심진 기중유신)
▶ 그 정기는 매우 참된 것으로 그 중심에는 믿음이 있다.

自古及今 其名無不去(자고급금 기명무불거)
▶ 무릇 옛날부터 지금까지 그 이름이 거론되지 않았던 적이 없다.

以閱衆甫也(이열중보야)
▶ 이로써 만물의 근원을 알 수 있는 것이다.

노자의 해설

☯ 도가 거론됨으로써 분원신(分源神)을 알아 볼 수 있다는
것은 이때까지 계속 도가 유지되고 닦아져 왔다는 것이다.
이러한 도의 능력으로 분원신을 알아 볼 수 있게 되는 것
이다.

*甫: 天甫星 ☞ 분원신의 위패가 모셔진 곳.

吾何以知衆甫之狀哉 以此
(오하이지중보지상재 이차)

▶ 내가 어찌 만물의 근원을 알 수 있었겠는가?
  바로 이것(도) 때문이다.

노자의 해설

☯ 도통은 원신이 분신에게 가는 것이다. 원신이 분신에게 간다
는 것을 어떻게 내가 이해할 수 있겠는가? 그것은 바로 원신
의 뜻을 받아들이는 것, 즉 도를 수행하여 얻은 것이다.

德道經

第22章

主題：謙遜

曲則全 枉則直(곡즉전 왕즉직)
▶ 휘어지면 온전하게 될 수 있고, 굽어지면 곧아질 수 있다.

窪則盈 弊則新(와즉영 폐즉신)
▶ 움푹 파여지면 채워지게 되고, 낡아지면 새로워진다.

少則得 多則惑(소즉득 다즉혹)
▶ 적으면 얻게 되고 많으면 미혹을 당하게 된다.

是以聖人抱一 爲天下式(시이성인포일 위천하식)

▶ 이리하여 성인은 한 가지 목적을 품고 행함으로써 세상 사람들의 본보기가 된다.

不自見故明(불자현고명)

▶ 스스로 드러내려 하지 않기에 인품이 빛나게 되고,

不自是故彰 不自伐故有功
(불자시고창 불자벌고유공)

▶ 스스로 옳다 하지 않으므로 인품이 드러나게 되고,
  스스로 공훈을 주장하지 않으므로 그 공훈이 유지되고,

不自肯故長(불자긍고장)

▶ 스스로 잘난 체하지 않으므로 그 지위가 오래가고,

夫唯不爭 故天下莫能與之爭
(부유부쟁 고천하막능여지쟁)

▶ 무릇 경쟁하려 하지 않으므로 세상이 그와 더불어 경쟁하려 하지 않는다.

112

德道經

古之所謂曲則全者 豈虛言哉
(고지소위곡즉전자 기허언재)

▶ 옛날에 일컫기를 휘어지면 온전해질 수 있다고 한 것이
  어찌 허황된 말이겠는가?

誠全而歸之(성전이귀지)

▶ 진실로 온전하게 한 다음 돌아가시오.

노자의 해설

☯ 본래의 그 마음으로 돌아가면 진실로 온전해질 수 있다.

노자의 보충설명

☯ 받아들이면 완전한 인간이 되어 도통할 수 있다고 했으니
  진실로 후천시대에 가서 도통하시오.

主題：合從之道

希言自然(희언자연)
▶ 말을 적게 하는 것은 자연이다.

노자의 해설

☯ 말을 하지 않고 현상으로 보여주는 것이 신의 섭리이다.

故飄風不終朝(고표풍부종조)
▶ 그러므로 회오리바람도 아침 내내 불지 않고

114

驟雨不終日(취우부종일)

▶ 지나가는 소낙비도 하루 종일 내리지 않는다.

孰爲此者 其天地也(숙위차자 기천지야)

▶ 누가 이런 일을 하는가? 그것은 천지가 하는 일이다.

天地尙不能久(천지상불능구)

▶ 천지는 오히려 능히 이런 일을 오래하지 못하는데

노자의 해설

☯ 천지조화풍운신장도 이처럼 이런 일을 오래 할 수 없는데

而況於人乎(이황어인호)

▶ 하물며 사람이야 오죽하겠는가?

노자의 해설

☯ 하물며 분신이 어찌 그럴 수 있겠는가?

故從事於道者 道者同於道
(고종사어도자 도자동어도)

▶ 그러므로 도를 따르는 것은 도와 하나가 되는 것이고

노자의 해설

◉ 도에 따르면 도통(상통)군자가 되고

德者同於德(덕자동어덕)

▶ 덕을 따르는 것은 덕과 하나가 되는 것이고

노자의 해설

◉ 덕에 따르면 덕통(중통)군자가 되고

達者同於達(달자동어달)

▶ 기능을 따르는 것은 기능과 하나가 되는 것이다.

노자의 해설

◉ 기능에 따르면 달통(하통)군자가 되고
· 생활의 달인

德道經

同於道者 道亦樂得之(동어도자 도역낙득지)

▶ 도를 따르는 자는 도와 하나 되어서 기쁘고 그 도 역시 그를 얻었기에 기뻐한다.

同於德者 德亦樂得之(동어덕자 덕역낙득지)

▶ 덕을 따르는 자는 덕과 하나가 되어서 기쁘고 그 덕 역시 그를 얻었기에 기뻐한다.

同於達者 達亦樂得之(동어달자 달역낙득지)

▶ 기능을 따르는 자는 기능과 하나가 되어서 기쁘고 그 기능 역시 그를 얻었기에 기뻐한다.

信不足焉 有不信焉(신부족언 유불신언)

▶ 신의가 부족하면 불신이 있게 된다.

主題：制

企者不立 跨者不行(기자불립 과자불행)

▶ 발끝으로 서는 자는 편안히 서 있을 수 없고 다리를 너무 넓게
벌리면 걸을 수가 없다.

自見者不明(자현자불명)

▶ 스스로 자기를 드러내려는 사람은 인품이 빛나지 않고,

自是者不彰(자시자불창)

▶ 스스로 자기가 옳다고 하는 사람은 돋보일 수 없다.

德道經

自伐者無功(자벌자무공)
▶ 스스로 자랑하는 자는 인정받는 공이 없다.

自矜者不長(자긍자부장)
▶ 스스로 잘난 체하는 사람은 그 지위가 오래가지 못한다.

其在道也 曰餘食贅行(기재도야 왈여식췌행)
▶ 그 도의 입장에서는 말하기를 이것은 남은 밥찌꺼기와 같은 행동으로

物或惡之(물혹오지)
▶ 모든 사람들이 다 싫어하는 것이다.

故有道者不處(고유도자불처)
▶ 그러므로 도인은 이러한 상황에 처하지 않는다.

第25章

主題：無極宇宙

有物混成 先天地生(유물혼성 선천지생)
▶ 천지가 생겨나기 전에는 먼저 혼합된 어떤 물질이 있었다.

寂兮寥兮 獨立而不改(적혜요혜 독립이불개)
▶ 고요하고 비어 있으며, 독립적인 요소로 이루어져 있으며
변화된 것도 없고

周行而不殆 可以爲天下母
(주행이불태 가이위천하모)
▶ 일정주기로 운행을 하여도 없어질 위태로움이 없고,
능히 천하의 어머니라고 할 수 있을 것이다.

德道經

吾不知其名 字之曰道(오부지기명 자지왈도)

▶ 나는 그 이름을 알지 못한다. 글로써 표현하자면 그것을 도라고 말할 수 있겠다.

强爲之名曰大(강위지명왈대)

▶ 대저 그 이름을 말한다면 그냥 크다고 하겠다.

大曰逝 逝曰遠(대왈서 서왈원)

▶ 크다고 하는 것은 끝없이 간다는 것이고, 끝없이 간다는 것은 아주 멀다는 것이다.

遠曰不反 故道大 天大 地大 王亦大
(원왈불반 고도대 천대 지대 왕역대)

▶ 멀다는 것은 되돌아오지 않는다는 것이고, 그러므로 도는 큰 것이며 하늘도 크고 땅도 크고 임금 또한 크다고 하겠다.

域中有四大 而王居其一焉
(역중유사대 이왕거기일언)

▶ 세상에는 네 가지 큰 것이 있는데 왕이 거처하는 그곳(궁궐)도
  마찬가지이다.

노자의 해설

☯ 세상에는 네 가지 큰 법이 있는데 정치에도 큰 법이 있다.

人法地也(인법지야)

▶ 사람은 땅을 본받고

地法天也(지법천야)

▶ 땅은 하늘을 본받고

天法道也(천법도야)

▶ 하늘은 도를 본받고

道法自然也(도법자연야)

▶ 도는 자연을 본받는다.

·法 : 모범으로도 쓰인다.

德道經

主題：重

重爲輕根(중위경근)

▶ 무거운 것은 가벼운 것의 근본이다.

노자의 해설

☯ 신중하게 처신하는 것이 가볍게 처신하는 것보다 낫다.

靜爲躁君(정위조군)

▶ 신중한 것은 조급함의 본보기이다.

是以聖人終日行 不離輜重
(시이성인종일행 불리치중)

▶ 이러함으로써 성인은 하루 종일 걸어 다녀도 짐을 잔뜩 실은 수레를 떠나지 않는다.

· 輜重 : 짐을 가득 채운 마차

노자의 해설

☯ 많이 배우면 배울수록 자기 자리에서 쉽게 떠나지 않는다. 조급하거나 가볍지 않게 되며 지식이 오래 가게 되는 것이다.

雖有榮觀(수유영관)

▶ 비록 화려한 볼거리가 있을지라도

燕處超然(연처초연)

▶ 의연하게 처신하고 초연히 행동할 뿐이다.

德道經

奈何萬乘之主 而以身輕天下
(내하만승지주 이이신경천하)

▶ 어찌 만 대의 마차(전차)를 가진 나라의 임금이 세상에서
자신을 가벼이 처신할 수 있겠는가?

· 萬乘 : 만 대의 전차

편집자 설명

☯ 萬乘 : 만 대의 전차이며 각 전차마다 말이 네 마리가 수반
되어 4만 마리가 된다.

千乘 : 제후로 전차가 천대이며 말이 4천 마리가 수반된다.

百乘 : 대부로 전차가 백대이며 말이 4백 마리가 수반된다.

輕則失本也(경즉실본야)

▶ 가볍게 처신한다는 것은 곧 그 근본을 잃게 되는 것이다.

躁則失君(조즉실군)

▶ 조급하게 처신한다는 것은 곧 군주의 자리를 잃게 되는 것이다.

主題：完璧

善行 無轍迹(선행 무철적)
▶ 매우 잘 달린 수레는 그 자국이 없다.

· 轍 : 수레바퀴 자국 철
· 迹 : 자취 적

善言 無瑕謫(선언 무하적)
▶ 매우 잘하는 말은 흠이나 티가 없다.

善數 不用籌策(선수 불용주책)
▶ 계산을 매우 잘하는 이는 주책을 사용하지 않는다.

· 주책 : 계산기, 산가지(대나무를 잘게 쪼갠 것)로 계산을 하는 것

德道經

善閉 無關楗而不可開(선폐 무관건이불가개)

▶ 매우 잘 닫힌 문은 빗장이 없어도 열리지 않는다.

善結 無繩約而不可解(선결 무승약이불가해)

▶ 매우 잘 묶여진 매듭은 단단히 동여매지 않아도 풀리지 않는다.

是以聖人常善救人也(시이성인상선구인야)

▶ 이로써 성인은 항상 사람을 잘 도와준다.

故無棄人(고무기인)

▶ 그러므로 사람을 함부로 버리지 않는다.

常善救物 故無棄物(상선구물 고무기물)

▶ 항상 물건을 쓰임새 있게 잘 다스리고 그 물건을 함부로 버리지 않는다.

是謂襲明(시위습명)

▶ 이것을 일컬어 진리(=밝음)를 터득함이라고 한다.

故善人者 不善人之師也(고선인자 불선인지사야)

▶ 그러므로 선한 자는 선하지 않은 자의 스승이다.

不善人者 善人之資(불선인자 선인지자)

▶ 착하지 않은 자는 착한 사람의 바탕이다.

不貴其師 不愛其資(불귀기사 불애기자)

▶ 그 스승을 귀하게 여기지 않는 자와 그 본바탕을 사랑하지 않는 자는

· 資 : 바탕, 밑천

雖智大迷(수지대미)

▶ 비록 지혜롭더라도 크게 미혹하고 어리석다.

是爲要妙(시위요묘)

▶ 이것이야말로 매우 현묘하고 현묘함이라고 하겠다.

128

德道經

第28章

主題：善樸之道

知其雄 守其雌(지기웅 수기자)

▶ 남성다움을 알면서 그 여성다움을 지켜라.

노자의 해설

☯ 속은 여성스러우나 외모는 남성스럽게 강한 내유외강형을
지칭하기도 하고 속은 남성스러우나 외모는 여성스러운 외
유내강형을 지칭한다.

爲天下谿(위천하곡)

▶ 그리하면 세상의 협곡(음)이 될 것이다.

· 음(陰) : 어머니를 뜻함

為天下谿(위천하곡)
▶ 세상의 협곡(음)이 되면

常德不離 復歸於嬰兒(상덕불리 복귀어영아)
▶ 항상 덕에서 떠나지 않고 갓난아이로 돌아갈 것이다.

노자의 해설
☯ 덕을 많이 베풀면 갓난아이처럼 순수해진다.

知其白　守其黑(지기백 수기흑)
▶ 흰 것을 알면서 검은 것을 지켜라.

노자의 해설
☯ 사람은 아래를 보면서 살아야 되는 것이지 위를 보면서 살면 삶이 힘들어진다.
☞ 즉 분수를 지키라는 것이다.
 ·흰 것 : 욕심 없는 마음, 청백리 같은 삶
 ·검은 것 : 욕심이 많은 삶

德道經

爲天下式(위천하식)

▶ 그리하면 세상의 방식(본보기)이 될 것이다.

爲天下式 常德不忒(위천하식 상덕불투)

▶ 세상의 방식(본보기)이 되면 항상 덕에서 어긋나지 않으며

復歸於無極(복귀어무극)

▶ 무극의 상태(중용의 상태)로 되돌아가게 될 것이다.

노자의 해설

☯ 치우침이 없는 중용의 시대, 즉 분원신의 시대로 돌아간다.

知其榮 守其辱(지기영 수기욕)

▶ 부귀영화를 알면서 욕됨을 지켜라.

노자의 해설

☯ 청빈하게 살더라도 마음은 항상 부자같이 살아야 한다.

☞ 안빈낙도의 삶

爲天下谷(위천하곡)
▶ 그리하면 세상의 계곡이 될 것이다.

  ·계곡 : 어머니

爲天下谷(위천하곡)
▶ 세상의 계곡이 되면

常德乃足 復歸於樸(상덕내족 복귀어박)
▶ 항상 덕이 풍족하게 되고 다듬지 않은 통나무의 상태로
  돌아가게 된다.

  ·다듬지 않은 통나무 : 어린아이 같은 모습, 자연 그대로의 순
   박한 인간

樸散則爲器(박산즉위기)
▶ 다듬지 않은 통나무를 쪼개어 파내면 그릇이 된다.

  ·그릇 : 만인을 먹여 살리는 음식을 담는 그릇처럼 세상에 필요
   한 사람이 된다.

德道經

聖人用之 則爲官長(성인용지 즉위관장)
▶ 성인(=현자)은 이(그릇)를 사용하여 지도자가 된다.

·그릇 사용 : 남에게 베푼다는 뜻이다.

故大制不割(고대제불할)
▶ 그러므로 큰 지도자는 베는 일을 하지 않는다.

노자의 해설

☯ 훌륭한 지도자는 함부로 사람을 버리지 않는다.

第29章

主題：順利

將欲取天下而爲之(장욕취천하이위지)
▶ 장차 천하를 취하고 그것을 유지하기 위해서 무엇을 하려고
  하는 자는

吾見其不得已(오견기부득이)
▶ 내가 보건대 그것은 이미 성공하지 못한 것과 같다.

天下神器 不可爲也(천하신기 불가위야)
▶ 천하는 신령한 그릇(우주)이므로 거기에다가 함부로 무엇(욕심)을
  담겠다고 할 수는 없는 것이다.

德道經

故物或行或隨(고물혹행혹수)

▶ 그리하여 만물 중에 혹 앞서는 것이 있으면 뒤에 따르는 것이 있고

或虛或吹 或强或羸(혹허혹흠 혹강혹리)

▶ 숨을 안 쉬는 것도 있고 숨을 쉬는 것도 있으며 강한 것도 있고 약한 것도 있다.

或挫或隳(혹좌혹휴)

▶ 꺾는 자가 있으면 꺾이는 자가 있다.

是以聖人 去甚 去奢 去泰
(시이성인 거심 거사 거태)

▶ 이로써 성인은 너무 심한 것, 너무 사치스러운 것, 너무 큰 것을 취하지 않는다.

第30章

主題：功成身退

以道佐人主者 不以兵强天下
(이도좌인주자 불이병강천하)

▶ 도로써 군주를 보좌하는 사람은 강한 군대의 힘을 사용하여
   천하를 지배하는 일이 없도록 해야 한다.

其事好還 師之所處(기사호환 사지소처)

▶ 그러한 일(무력을 쓰는 일)에는 호사다마와 같은 현상이
   돌아오므로 군사가 머무르는 곳에는

德道經

荊棘生焉 大軍之後 必有凶年
(형극생언 대군지후 필유필연)

▶ 형극이 생겨나고 큰 군사를 일으킨 후에는 반드시 흉년이 든다.

善有果而已 不敢以取强
(선유과이이 불감이취강)

▶ 훌륭한 사람은 공을 이루었으면 떠나야 하는 것을 이미 알고
감히 더 강해지려고 하지 않는다.

果而勿矜 果而勿伐 果而勿驕
(과이물긍 과이물벌 과이물교)

▶ 공을 이루었으되 자랑하지 않으며, 공을 이루었으되 뽐내지
않으며, 공을 이루었으되 교만하지 않는다.

果而不得已 果而勿强(과이부득이 과이물강)
▶ 그공을 이루었으나 부득이하게 한 일에 대하여는 더 이상
강해지려 하지 않는다.

物壯則老(물장즉노)
▶ 만물은 기운이 왕하면 곧 쇠한다.

是謂知道(시위지도)
▶ 이것을 도를 안다고 일컫는 것이다.

故不道通 早末(고부도통 조말)
▶ 그러므로 도통하지 않으면 일찍 끝이 나는 것이다.

德道經

第31章

主題 : 武

夫佳兵者 不祥之器(부가병자 불상지기)
▶ 무릇 아주 좋은 병장기는 상서롭지 못한 것이며

物或惡之(물혹오지)
▶ 사람들 중에는 그것을 미워하는 이도 있다.

故有道者不處(고유도자불처)
▶ 그러므로 도인은 병장기를 가까이 하지 않는다.

君子居則貴左(군자거즉귀좌)
▶ 군자는 평상시는 왼쪽(文)을 귀히 여기고

用兵則貴右(용병즉귀우)
▶ 병장기를 쓰게 될 때는 오른쪽(武)을 귀히 여긴다.

兵者 不祥之器 非君子之器
(병자 불상지기 비군자지기)
▶ 병장기는 상서롭지 못한 기구이므로 군자가 쓰는 기구가 아니다.

不得已而用之(부득이이용지)
▶ 부득이하게 병장기를 사용할 경우는

恬淡爲上(염담위상)
▶ 침묵과 담담함을 최상으로 여기고

德道經

勝而不美 而美之者(승이불미 이미지자)
▶ 승리하더라도 그것을 화려하게 수식하지 않는다.
그러나 그것을 화려하게 수식한다는 것은

是樂殺人(시낙살인)
▶ 이는 살인을 즐기는 모양새가 되는 것이다.

夫樂殺人者(부락살인자)
▶ 무릇 살인을 즐기는 자는

則不可得志於天下矣(즉불가득지어천하의)
▶ 결코 세상에서 큰 뜻을 이룰 수 없다.

吉事尚左 凶事尚右(길사상좌 필사상우)
▶ 길한 일에는 왼쪽(문인)을 받들고 흉한 일에는 오른쪽(무인)을
받든다.

· 길한 일 : 평상 시
· 흉한 일 : 전쟁 시

偏將軍居左 上將軍居右(편장군거좌 상장군거우)
▶ 편장군은 왼쪽에 두고 상장군은 오른쪽에 둔다.

· 편장군 : 2인자
· 상장군 : 1인자

言以喪禮處之 殺人之衆(언이상례처지 살인지중)
▶ 이렇게 말하는 것은 그곳(전쟁터)에도 상례를 따르기 때문이다.

以哀悲泣之 戰勝 以喪禮處之
(이희비읍지 전승 이상례처지)
▶ 죽은 병사들에게 애도하는 것, 이는 전쟁에서 승리하더라도 전쟁터의 상례로써 그것을 처리해야 한다.

德道經

主題：道展

道常無名(도상무명)
▶ 도는 항상 그러한 이름이 없다.

樸雖小(박수소)
▶ 비록 다듬지 않은 통나무처럼 보잘 것 없어 보이지만

天下莫能臣也(천하막능신야)
▶ 천하에 도를 지킬 수 있는 신하는 없다.

侯王若能守之(후왕약능수지)

▶ 제후의 왕들이 그 도를 지킬 수만 있다면

萬物將自賓(만물장자빈)

▶ 만물은 장차 스스로 낮출 것이고

天地相合(천지상합)

▶ 천지가 서로 합하여

노자의 해설

☯ 원신(原神)과 분신(分身)이 서로 합하게 되어

以降甘露(이강감로)

▶ 감로(은혜)가 내리게 되며

以道通時也(이도통시야)

▶ 도통시대가 열릴 것이다.

德道經

民莫之令而自均(민막지령이자균)
▶ 백성은 명령이 없어도 스스로 균형을 이룰 것이다.

始制有名(시제유명)
▶ 통나무를 처음에 마름질하게 되면 이름이 생기는데

名亦既有(명역기유)
▶ 이름이 또한 이미 생겼으면

夫亦將知止(부역장지지)
▶ 그 또한 장차 그칠 줄도 알아야 한다.

노자의 해설

☯ 그 이름의 특성대로 살 줄 알아야 하고 그 이름보다 지나치
게 행동하지 않아야 한다.

知止可以不殆(지지 가이불태)
▶ 그칠 줄을 알면 가히 위태롭지 않을 것이다.

猶川谷之於江海(유천곡지어강해)

▶ 개천과 계곡의 물이 흘러 강과 바다를 이루는 것과 같다.

노자의 해설

☯ 도라는 것은 천하 어디에도 존재하며 우주를 이룬다.

☞ 도는 우주를 이루고 계곡의 물은 바다를 이룬다.

德道經

第33章

主題 : 克己不失己

知人者智(지인자지)
▶ 남을 아는 것은 지혜이고

自知者明(자지자명)
▶ 자기를 아는 것은 밝음(철학)이다.

勝人者有力(승인자유력)
▶ 남을 이기는 것이 힘이 있는 것이고

自勝者强(자승자강)

▶ 자기를 이기는 것은 진정한 강함이다.

知足者富(지족자부)

▶ 만족을 아는 것을 '부유하다'고 할 수 있고

强行者有志(강행자유지)

▶ 강하게 이행하는 것은 '큰 뜻이 있다'고 할 수 있다.

不失其所者久 死而不亡者壽
(부실기소자구 사이불망자수)

▶ 그 바탕을 잃지 않는 것이 영원한 것이며 몸은 죽으나 망하지
않는 것이 장수하는 것이다.

노자의 해설

☯ 몸은 죽으나 영혼은 영원하다. 몸은 언젠가 죽으나 병들지
않으면 장수할 수 있다.

☞ 안분지족하면 병들지 않고 장수할 수 있다.

148　　　　　　　　　　　　　　*德道經*

第34章

主題：道氾天下

大道氾兮 其可左右(대도범혜 기하좌우)
▶ 큰 도가 넘쳐 있으니 이쪽저쪽 어디에도 도가 있다.

萬物恃之 而生而不辭(만물시지 이생이불사)
▶ 만물이 도에 의지하며 살아가더라도 이를 사양하지 않고

功成不名有(공성불명유)
▶ 공을 이루고도 이름이 유명해지기를 원하지 않으며

衣養萬物而不爲主 (의양만물이불위주)

▶ 만물을 입히고 키우나 주인이 되고자 하려 하지 않는다.

常無欲 可名於小 (상무욕 가명어소)

▶ 항상 욕심이 없으니 이름하기를 '작음'이라고 할 수 있다.

萬物歸焉 而不爲主 可名爲大
(만물귀언 이불위주 가명위대)

▶ 만물이 (도에게) 다 돌아오더라도 주인이 되려 하지 않으니 이름하여 '큼'이라고 할 수 있다.

以其終不自爲大 (이기종부자위대)

▶ 이로써 마침내 스스로 크다고 하지 않는다.

故能成其大 (고능성기대)

▶ 그리하여 능히 큰일을 이룰 수 있는 것이다.

노자의 해설

☯ 항상 수도하고 도에 의지하고 살면 큰일도 이룰 수 있다.

德道經

主題：道之渴望

執大象 天下往(집대상 천하왕)
▶ 위대한 형상을 잡으면 천하가 왕래하고

往而不害 安平泰(왕이불해 안평태)
▶ 왕래하더라도 해가 없고 오직 평안한 마음이 깃들 것이다.

노자의 해설

☯ 신앙의 대상(위대한 형상)을 가지고 한 곳에 몰입하면 거기
에도 도가 왕래하고 편안한 마음이 깃든다.

☞ 종교의 자유

151

樂與餌 過客止(낙여이 과객지)

▶ 즐거운 음악과 더불어 맛있는 음식은 지나가는 객을 잠시
 머물게는 할 수 있으나

道之出口 淡乎其無味(도지출구 담호기무미)

▶ 그 도에 대한 말은 담박하고 별 맛이 없다.

視之不足見 聽之不足聞(시지부족견 청지부족이)

▶ 보아도 그 보이는 것이 부족하고, 들어도 그 듣는 것이 부족하며

道之出口 淡乎其無味(도지출구 담호기무미)

▶ 그 도에 대한 말은 담박하고 별 맛이 없다.

用之不足旣(용지부족기)

▶ 그것(도)을 써 봐도 이미 부족한 듯하다.

노자의 해설

☯ 도는 보아도, 들어도, 계속 사용하여도 부족하기만 하다.
 도는 항상 부족하니 갈망하고 갈구하여야 한다.
 ☞ 도의 수행은 아무리 해도 지나침이 없다.

152   德道經

主題：正反之道

將欲歙之 必固張之(장욕흡지 필고장지)
▶ 장차 그것을 오므리고자 한다면 반드시 먼저 그것을 펴야 한다.

將欲弱之 必固强之(장욕약지 필고강지)
▶ 장차 그것을 약하게 하고자 한다면 반드시 먼저 그것을 강하게
해야 한다.

將欲廢之 必固興之(장욕폐지 필고흥지)
▶ 장차 그것을 망하게 하고자 한다면 반드시 먼저 그것을 흥하게
해야 한다.

將欲奪之 必固與之(장욕탈지 필고여지)

▶ 장차 그것을 빼앗으려고 한다면 반드시 먼저 그것을 주어야 한다.

是謂微明(시위미명)

▶ 이것을 일컬어 미묘한 밝음(철학)이라고 한다.

柔弱勝剛强(유약승강강)

▶ 부드럽고 약한 것이 굳고 강한 것을 이긴다.

魚不可脫於淵(어불가탈어연)

▶ 물고기가 연못에서 나오면 안 되듯이

國之利器 不可以示人(국지이기 불가이시인)

▶ 나라의 이로운 무기도 사람들에게 보이게 해서는 안 된다.

노자의 해설

☯ 사람들이 그 무기를 보면 가지려고 욕심을 내게 되는 것이다.

德道經

第37章

主題：不欲之道

道常無爲而無不爲(도상무위이무불위)
▶ 도는 항상 억지로 하는 것이 없으나 하지 않는 것이 없다.

노자의 해설

☯ 도는 스스로 닦는 것이다. 도는 누가 시켜서 하는 일이 없이 스스로 할 뿐이다.

候王若能守之(후왕약능수지)
▶ 제후와 왕들이 만약 능히 이를 지킨다면

萬物將自化(만물장자화)
▶ 만물이 장차 스스로 제화될 것이다.

·제화(制化) : 중용

化而欲作(화이욕작)
▶ 제화가 되었는데도 그 일을 성취하려고 욕심을 부린다면

吾將鎭之以無名之樸(오장진지이무명지박)
▶ 장차 이름 없는 통나무가 그것을 제압할 것이다.

노자의 해설

☯ 도가 이를 가만두지 않을 것이다.

☞ 도가 제어할 것이다.

無名之樸 夫亦將無欲(무명지박 부역장무욕)
▶ 이름 없는 통나무는 장차 그 욕심을 없애줄 것이다.

·夫 : 이름 없는 통나무를 가리키는 지시대명사

德道經

不欲以靜 天下將自定(불욕이정 천하장자정)

▶ 욕심이 없으면 고요함이 깃들고 장차 천하에 평화가 스스로 정착될 것이다.

노자의 해설

☯ 과욕은 자기와 가정과 사회와 국가를 망치게 한다.

第38章

主題：道之實

上德不德(상덕부덕)
▶ 최상의 덕은 덕을 덕으로 여기지 않는 것이다.

是以有德(시이유덕)
▶ 이로써 덕의 묘미가 있다고 할 것이다.

下德不失德(하덕부실덕)
▶ 최하의 덕은 덕을 의식하며 베푸는 것이다.

德道經

是以無德(시이무덕)
▶ 이로써 진정한 덕이 없는 것이다.

上德無爲(상덕무위)
▶ 최상의 덕은 강제로 베푸는 것이 아니므로

而無以爲(이무이위)
▶ 강제로 베풀 까닭이 없다.

下德爲之 而有以爲(하덕위지 이유이위)
▶ 최하의 덕은 그것을 강제로 베푸는 것이므로 강제로 베풀 까닭이 있는 것이다.

上仁爲之 而無以爲(상인위지 이무이위)
▶ 최상의 인은 그것을 억지로 하지만 억지로 할 까닭은 없다.

노자의 해설

☯ 인은 학습을 통해서, 노력하면 인을 체득할 수 있지만 덕은 학습할 수 없고 인의예지를 통해 비로소 덕이 발현되는 것

이므로 인은 덕의 하위 개념이다.

上仁爲之 而無以爲(상인위지 이무이위)

▶ 최상의 인은 그것을 억지로 하지만 억지로 할 까닭은 없다.

上義爲之 而有以爲(상의위지 이유이위)

▶ 최상의 의는 그것을 억지로 하지만 억지로 할 까닭은 있다.

노자의 해설

☯ 의는 선악을 구별하지 않고 어느 조직에서나 존재하지만 인은 선한 곳에서만 존재하는 것이어서 의는 인의 하위개념이다.

上禮爲之 而莫之應(상례이지 이막지응)

▶ 최상의 예는 그것을 억지로 하지만 그것을 아무도 응하지 않기에

노자의 해설

☯ 예는 후천적으로 강제적으로 배우는 것이고 예술 활동 등을 하는 것으로 의(義)의 하위개념이다.

160　　　　　　　　　　　　　　　*德道經*

則攘臂而仍之(즉양비이잉지)

▶ 그러한 즉 소매를 걷고 자기의 뜻에 따라오도록 강제로 이끈다.

노자의 해설

☯ 자기가 펼친 덕을 알아 달라고 남에게 강요하게 되는 것이다.

故失道而後德(고실도이후덕)

▶ 그러므로 도를 잃으면 덕이 나서게 되고

노자의 해설

☯ 德之道也 : 도는 덕을 기초로 한다.

失德而後仁(실덕이후인)

▶ 덕을 잃으면 인이 나서게 되고

노자의 해설

☯ 仁之德也 : 덕은 인을 기초로 한다

失仁而後義(실인이후의)

▶ 인을 잃으면 의가 나서게 되고

노자의 해설

☯ 義之仁也 : 인은 의를 기초로 한다

失義而後禮(실의이후예)

▶ 의를 잃으면 예가 나서게 되고

노자의 해설

☯ 禮之義也 : 의는 예를 기초로 한다.

夫禮者 忠信之薄 而亂之首
(부예자 충신지박 이란지수)

▶ 무릇 예라는 것은 충성과 신의라는 열매의 속껍질과 같은 것이며 혼란을 유발시키는 으뜸이 된다.

德道經

前識者 道之華 而愚之始
(전식자 도지화 이우지시)

▶ 앞에 일어날 현상을 아는 것(=미래예측)은 도의 꽃이지만 꽃에만 머무르는 것은 어리석음의 시작이다.

是以大丈夫處其厚 不居其薄
(시이대장부처기후 불거기박)

▶ 이로써 대장부는 두터운 곳(과육)에 머무르고 얇은 곳(껍질)에 머무르지 않고

노자의 해설

☯ 대장부는 후덕하고 소인배는 박덕하다.

· 대장부 : 인의예지신을 다 갖춘 사람

處其實 不居其華(처기실 불거기화)
▶ 열매에 머물고 그 꽃(=미래예측)에 머물지 않는다.

故去彼取此(고거피취차)

▶ 그러므로 지나간 것(꽃)은 피하고 이것(=현재, 열매)을 취한다.

편집자 설명

☯ 미래예측이라는 꽃만 보려 하지 말고 결실을 맺어야 한다
는 것이다.

노자의 해설

☯ 道得實不見華 : 도는 열매를 얻기 위함이지, 꽃을 보려 함
은 아니다.

德道經

第39章

主題 : 得德之道

昔之得一者(석지득일자)
▶ 예로부터 하나를 얻은 것이 있는데

天得一以淸(천득일이청)
▶ 하늘은 하나를 얻어 맑을 수 있고

地得一以寧(지득일이영)
▶ 땅은 하나를 얻어 편안할 수 있고

神得一以靈(신득일이영)
▶ 신은 하나를 얻어 영험할 수 있고

谷得一以盈(곡득일이영)
▶ 계곡은 하나를 얻어 가득 채울 수 있고

萬物得一以生(만물득일이생)
▶ 만물은 하나를 얻음으로써 생장하고

王候得一以 爲天下貞(왕후득일이 위천하정)
▶ 왕과 제후는 하나를 얻음으로써 세상의 정상이 된다.

其致之德(기치지덕)
▶ 그러한 모든 것이 하나의 덕으로 인해 이룰 수 있는 것이다.

天無以淸 將恐裂(천무이청 장공열)
▶ 하늘을 맑게 하는 것이 없으면 장차 갈라져 무너지게 될 것이고

德道經

神無以靈 將恐歇(신무이영 장공헐)

▶ 신은 영험한 것이 없으면 쉴 것이고

谷無以盈 將恐竭(곡무이영 장공갈)

▶ 계곡을 채우는 물이 없으면 장차 마르게 된다.

萬物無以生 將恐滅(만물무이생 장공멸)

▶ 만물은 생장하게 하는 것이 없으면 장차 사멸할 것이다.

候王無以貴高 將恐蹶(후왕무이귀고 장공궐)

▶ 왕과 제후는 높고 귀한 것이 없으면 장차 무너질 것이다.

故貴以賤爲本 高以下爲基
(고귀이천위본 고이하위기)

▶ 그러므로 귀한 것은 천한 것을 근본으로 하고 높은 것은
  낮은 것을 기본으로 한다.

是以候王自謂孤 寡 不穀
(시이후황자위고 과 불곡)

▶ 이런 이유로 왕과 제후는 스스로를 고아이고, 짝이 없고, 보잘
것 없는 사람이라 일컫는다.

此 非以賤爲本思 非乎
(차 비이천위본사 비호)

▶ 이것이 바로 천한 것을 근본으로 생각하는 것이 아니겠는가?

故致數輿無輿(고치수여무여)

▶ 그러므로 많은 마차의 수에 이를 정도의 영예로움도 영예로움
이 없는 것처럼 생각한다.

不欲珠珠如玉 珞珞如石
(불욕녹녹여옥 낙낙여석)

▶ 잘 다듬은 구슬과 같게 되기를 바라지 않고, 옥이 들어 있는
거친 원석같이 되기를 바란다.

노자의 설명

☯ 다듬어지지 않은 원석은 도(道)와 같으므로 도를 추구한다
는 내용이다.

168 德道經

第40章

主題：道之用

反者 道之動(반자 도지동)
▶ 되돌아가는 것이 도의 움직임(=태동)이다.

노자의 설명

☯ 원신에게 되돌아가는 것은 도의 수행으로부터 시작되며 그 수행이 바로 원신에게 되돌아가는 길이다.

弱者 道之用(약자 도지용)
▶ 약한 것은 도의 쓰임이다.

노자의 설명

☯ 분신은 도를 용신(用神)으로 삼아야 한다.

노자의 설명

☯ 세상만물은 원신이 있음으로 해서 생겨났다.

·有 : 원신

노자의 설명

☯ 원신은 분원신으로부터 생겨났다

·無 : 무극이며 분원신을 뜻한다.

분원신 ──────▶ 원신 ──────▶ 분신

최초 무극시대의 신) (유극시대의 신) (현재의 인간)

170   德道經

第41章

主題 : 道之玄妙

上士聞道 勤而行之(상사문도 근이행지)
▶ 훌륭한 선비는 도를 들으면 근면성실하게 그것을 행하려 하고

노자의 설명

☯ 상통군자는 도를 들으면 도를 열심히 행하려 하고

中士聞道 若存若亡(중사문도 약존약망)
▶ 보통 선비는 도를 들으면 그런가 아닌가 한다.

노자의 설명

☯ 중통군자는 도를 들으면 도가 있는 것 같기도 하고 없는 것 같다고 생각한다.

下士聞道 大笑之(하사문도 대소지)

▶ 못난 선비는 도를 들으면 크게 웃는다.

노자의 설명

☯ 하통군자는 도를 들으면 크게 비웃는다.

不笑不足以爲道(불소부족이위도)

▶ 웃음거리가 아니면 도라고 하기에는 부족하다.

노자의 설명

☯ 도는 말도 안 되는 것 같아 보이지만 사실은 심오한 것이다. 웃음거리는 비웃음을 가리키며 말도 안 되는 것 같아 보이는 것을 말한다.

故建言有之(고건언유지)

▶ 그러므로 예로부터 내려오는 말에 의하면

노자의 설명

☯ 나(노자원신)의 원신인 노담께서 살았던 삼황오제 시대의 건국 이래로 내려오는 말에 의하면

172

德道經

明道若昧(명도약매)
▶ 밝은 도는 어두운 것 같아 보이고

進道若退(진도약퇴)
▶ 전진하는 도는 퇴보하는 것과 같고

夷道若纇(이도약뢰)
▶ 평평한 도는 울퉁불퉁한 것과 같고

上德若谷(상덕약곡)
▶ 최상의 덕은 계곡과 같고

노자의 설명

☯ 높은 덕은 계곡과 같이 낮다는 뜻이다.

大白若辱(대백약욕)
▶ 아주 흰 것은 더러운 것 같고

廣德若不足(광덕약부족)

▶ 넓은 덕은 부족한 것 같고

建德若偸(건덕약투)

▶ 강건한 덕은 가볍고 약한 것 같고

質眞若渝(질진약투)

▶ 참된 바탕은 변하는 것 같고

大方無隅 大器晚成(대방무우 대기만성)

▶ 큰 모서리는 모퉁이가 없는 것처럼 보이고 큰 그릇은 늦게
   이루어진다.

노자의 해설

☯ 실질적으로 모서리가 크면 모퉁이가 둥글게 보인다.

德道經

大音希聲 大象無形(대음희성 대상무형)

▶ 큰 소리는 희박하게 들리고 큰 모양에는 형체가 없는 것 같이 보인다.

道隱無名(도음무명)

▶ 도는 숨어 있어서 이름이 없다.

夫唯道善貸且成(부유도선대차성)

▶ 그러나 오직 도만이 모든 만물을 잘 다스리고 만물을 완성시킨다.

우주의 생성과정

우주는 현묘하고 현묘하다.

어디서 언제부터 생성되었는지 그 누구도 알 수 없으며 그 끝도 알 수 없다. 이러한 우주는 크게 우리 우주와 반대편 우주 두 편으로 나뉜다.

반대편 우주는 우리 우주보다 훨씬 이전부터 완성된 상태이며 이미 축미 기운의 말기에 진입하였다. 반대편 우주에도 우리 우주와 같이 구천상제, 옥황상제, 마왕이 각각 존재한다.

우리 우주는 태초에 아무것도 없었던 빈 공간이었으며 불모지와 다름이 없었는데, 우리 우주공간에 처음 자리 잡은 것은 반대편 우주에서 오신 태을신장이었고, 태을신장은 다시 太太雄(태, 을)과 且且雄(두, 우) 네 분으로 나누어졌다.

그리고 아주 오랜 기간 동안 태을신장께서는 우리 우주의 빈 공간에 홀로 계셨을 수밖에 없었는데, 이후 15억 만 년 전쯤 우리 우주의 통치권을 태초의 옥황상제 신에게 내어주기로 하는, 일종의 양해각서를 체결하고, 반대편 우주로부터 이후 옥황상제 신을 우리 우주로 영입하게 된다.

德道經

이제 태을신장 신과 옥황상제 신이 결합하여 우리 우주에는 대 폭발, 빅뱅이 일어나게 된다. 이렇게 우리 우주는 대 변혁기를 갖게 되었고 두 신의 결합에 의한 빅뱅에 의해 다양한 신이 생기고 현재의 우리 태양계도 만들어진 것이다.

이로써, 무극상태가 태극으로 변화하는 과정을 거치게 된 것이고 우리 우주가 발전하기 시작한 것이다.

모든 생명의 근원은 물에서 시작되었다고 하는데 물이 생겨난 것은 바로 태을신장과 옥황상제가 만나서 이루어진 것이며 바로 이 물에서부터 생명체가 창조되고 탄생되기 시작한 것이다.

이러한 창조 이후에 진화 과정을 거쳐 인간은 약 1만 5천 년 전에 탄생되어진다.

이후 태을신장께서는 약속대로 우리 우주의 통치권을 옥황상제 신(태초의 옥황상제)에게 일임하고 우리 우주의 발전에만 정진하게 된다.

기운의 흐름 순서
자오 〉〉〉 묘유 〉〉〉 인신 〉〉〉 사해 〉〉〉 진술 〉〉〉 축미

主題 : 座右銘

道生一 一生二(도생일 일생이)
▶ 도는 하나를 낳고 하나는 둘을 낳고

二生三 三生萬物(이생삼 삼생만물)
▶ 둘은 셋을 낳고 셋은 만물을 낳는다.

노자의 해설

☯ 무극에서 유극이 되고 유극에서 우주만물이 생겨나는 과
정을 말한다.

德道經

萬物負陰而抱陽(만물부음이포양)

▶ 만물은 음을 등에 짊어지고 양을 가슴에 껴안는다.

노자의 해설

☯ 만물은 음과 양의 기운을 동시에 가지고 있다.

冲氣以爲和(충기이위화)

▶ 기가 충발해서 조화를 이룬다.

노자의 해설

☯ 충발(沖發) : 센 것을 약하게 한다.

☯ 뜨거운 물과 차가운 물이 섞이면 따뜻한 물로 중화된다.

人之所惡 唯孤 寡 不穀(인지소악 유고 과 불곡)

▶ 사람들이 싫어하는 것은 자기가 고아가 되거나, 짝을 잃게
  되거나, 보잘 것 없게 취급받게 되는 것이지만

而王公以爲稱(이왕공이위칭)

▶ 이것은 임금이나 공작이 자기를 지칭하는 것이다.

☞ 즉 자기를 낮추는 것이다.

故物或損之而益 或益之而損
(고물혹손지이익 혹익지이손)

▶ 그러므로 만물은 혹은 손해로 인해서 이익을 보기도 하며,
혹은 이익으로 인해서 손해를 보기도 한다.

노자의 해설

☯ 촛불은 자기를 태움으로써 남에게 밝음이라는 이익을 주고
대신에 덕을 얻게 된다. 사람은 자연을 훼손하여 이익을
보지만 그 훼손된 자연으로부터 손해를 보게 된다.

人之所敎 我亦敎之(인지소교 아역교지)

▶ 사람들이 가르치는 바를 나도 또한 그것을 가르친다.

노자의 해설

☯ 사람들을 통하여 내가 배울 점도 있고 또 나를 통해 다른
사람들이 배우기도 한다.

180

德道經

强梁者 不得其死(강양자 부득기사)

▶ 강하고 난폭한 자는 편안한 죽음을 맞이하지 못한다.

노자의 해설

☯ 강하고 난폭한 자는 척을 많이 짓게 되므로 그런 사람은 비명횡사할 가능성이 높은 것이다.

吾將以爲敎父(오장이위교부)

▶ 장차 나도 이것을 나의 가르침의 으뜸으로 삼으려 한다.

노자의 해설

☯ 나의 좌우명으로 삼겠다는 뜻이다.

第43章

主題：無爲之盆

天下之至柔(천하지지유)

▶ 천하에 지극히 부드러운 것이

馳騁天下之至堅(치빙천하지지견)

▶ 천하에 지극히 견고하고 단단한 것을 이긴다.

노자의 해설

☯ 낙수가 바위를 뚫고 철판을 뚫는 것과 같다.

德道經

無有入無間(무유입무간)

▶ 형체가 없는 것만이 사이가 없는 곳으로도 들어갈 수 있다.

노자의 해설

☯ 기(氣)는 형체가 없으므로 틈이 없더라도 들어가 존재할 수 있다.

吾是以知無爲之有益(오시이지무위지유익)

▶ 나는 이로써 하지 않음의 유익을 안다.

不言之敎 無爲之益 天下希及之
(불언지교 무위지익 천하희급지)

▶ 말없는 가르침, 하지 않음으로 인해 얻는 이익에 미칠 만한 것이 천하에 드물다.

노자의 해설

☯ 억지로 하지 않음의 유익함을 말한다. 자연은 아무것도 하지 않는 것처럼 보이지만 우리에게 이익을 준다.

第44章

主題 : 知分長久

名與身孰親(명여신숙친)
▶ 명예와 몸 중 어느 것에 더 친숙한가.

身與貨孰多(신여화숙다)
▶ 몸과 재화 중 어느 것에 더 비중을 두는가.

得與亡孰病(득여망숙병)
▶ 얻음과 잃음 중 어느 것이 더 병이 되는가.

德道經

是故甚愛 必大費(시고심애필대비)

▶ 그러므로 심하게 좋아하면 반드시 큰 낭비가 따르고

多藏 必厚亡(다장필후망)

▶ 많이 쌓아두면 반드시 많이 잃게 된다.

知足不欲(지족불욕)

▶ 만족을 알면 욕됨을 당하지 않게 되고

노자의 해설

☯ 자신의 현재 처지에 만족한다.

知止不殆(지지불태)

▶ 그칠 줄 알면 위태롭지 아니하다.

可以長久(가이장구)

▶ 그리하여 영원하고 오래도록 영위할 수 있다.

主題 : 淸靜之正

大成若缺(대성약결)
▶ 크게 이루어진 것은 모자람과 같으나

其用不弊(기용불폐)
▶ 그 쓰임에는 다함이 없다.

노자의 해설
☯ 모자란 것이 없다.

大盈若沖(대영약충)
▶ 크게 가득 찬 것은 비어 있는 것과 같으나

德道經

其用不窮(기용불궁)
▶ 그 쓰임새는 궁핍하지 않다.

大直若屈(대직약굴)
▶ 크게 곧은 것은 구부러진 것과 같아 보이고

大巧若拙(대교약졸)
▶ 완벽한 기교는 서툰 것과 같아 보이고

大辯若訥(대변약눌)
▶ 달변은 어눌한 말과 같게 들린다.

躁勝寒 靜勝熱(조승한 정승열)
▶ 조급함(움직임)은 추위를 이기지만 고요하면 더위를 이긴다.

淸靜爲天下正(청정위천하정)
▶ 맑고 고요함은 천하의 바름이다.

第46章

主題：知足

天下有道 却走馬以糞(천하유도 각주마이분)

▶ 세상이 도에 따르는 바가 있다면 달리는 말의 똥조차도 거름이 될 수 있고

天下無道 戎馬生於郊(천하무도 융마생어교)

▶ 세상이 도에 따르는 바가 없다면 전쟁에 끌려간 암말이 성 밖에서 새끼를 낳게 된다.

노자의 해설

☯ 도가 없다면 인류의 도를 저버리게 됨을 말한다.

· 패륜 : 인류의 도가 없는 것

· 불륜 : 인류의 도가 아닌 것

德道經

禍莫大於不知足(화막대어부지족)

▶ 만족을 알지 못하는 것보다 큰 재앙은 없고

咎莫大於欲得(구막대어욕득)

▶ 얻고자 하는 욕심보다 큰 허물은 없다.

故知足之足 常足矣(고지족지족 상족의)

▶ 그러므로 만족함을 아는 것에 만족하는 것, 그것이 변함없는 만족이다.

主題：慧眼

不出戶 知天下(불출호 지천하)
▶ 집 밖에 나가지 않고도 천하를 알 수 있고

不闚牖 見天道(불규편 견천도)
▶ 창밖으로 내다보지 않아도 하늘의 도를 볼 수 있다.

其出彌遠 其知彌少(기출미원 기지미소)
▶ 오래오래 멀리 갈수록, 그만큼 적게 알게 된다.

노자의 해설

☯ 마음은 없고 움직임만 많으면 혜안이 되지 않는다.

德道經

是以聖人 不行而知(시이성인 불행이지)

▶ 이로써 성인은 행하지 않고서도 알고

노자의 해설

☯ 사람의 마음을 보고 외모를 보지 않더라도 그 사람을 알 수 있다.

不見而名 不爲而成(불견이명 불위이성)

▶ 보지 않아도 훤히 알고, 억지로 하는 일이 없어도 이룰 수 있다.

노자의 해설

☯ 보지 않아도 그 사람의 명성을 알 수 있고 어떤 일이든 행하지 않고도 그 일을 스스로 능히 이룰 수 있다.

第48章

主題 ： 虛心

爲學日益(위학일익)
▶ 학문이라는 것은 날마다 쌓아가는 것이며

爲道日損(위도일손)
▶ 도라는 것은 날마다 감소시키는 것이다.

노자의 해설

☯ 도는 모든 욕심을 없애는 것이며 수행할수록 무아지경에
이르는 것이다.

德道經

損之又損 以至於無爲(손지우손 이지어무위)
▶ 감소시킨 것을 또 감소시킴으로써 행함이 없는 도에 이르게 된다.

無爲而無不爲(무위이무불위)
▶ 행함이 없는 도에 이르면 되지 않는 것이 없는 것이다.

노자의 해설

☯ 혜안이 되면 행함이 없이도 모든 것을 꿰뚫어 볼 수 있고 모든 것을 이룰 수 있는 것이다. 혜안이라는 것은 모든 것을 비우는 데서 시작된다.

治天下 常以無事(치천하 상이무사)
▶ 천하를 다스리는 것은 항상 모사(謀事)가 없어야 한다.

及其有事 不足以治天下
(급기유사 부족이치천하)
▶ 모사(謀事)가 있으면 천하를 다스림에 부족함이 있다.

第49章

主題：孩之敎

聖人無常心(성인무상심)
▶ 성인은 변하지 않는 마음이 없다.

노자의 해설
☯ 성인은 고정관념에 치우치지 않는다.

以百姓心自爲心(이백성심자위심)
▶ 이로써 백성의 마음을 자기 마음으로 삼는다.

善者吾善之(선자오선지)
▶ 선한 자에게 나는 선하게 대하고

德道經

不善者吾亦善之(불선자오역선지)

▶ 선하지 않은 자에게도 나는 역시 선하게 대한다.

노자의 해설

☯ 무덕자에게도 덕을 베푼다.

德善(덕선)

▶ 선이 덕을 이루는 것이다.

信者吾信之(신자오신지)

▶ 신의 있는 자에게 나도 신의로 대하고

不信者吾亦信之(불신자오역신지)

▶ 신의 없는 자에게도 또한 신의로 대한다.

德信(덕신)

▶ 신의가 덕을 이룬다.

聖人在天下 歙歙焉(성인재천하 흡흡언)
▶ 성인은 천하에 임할 때 모든 것을 포용한다.

爲天下渾其心(위천하혼기심)
▶ 천하를 위하는 사람들의 마음은 혼탁하기만 한데

聖人皆孩之(성인개해지)
▶ 성인은 그들을 모두 어린아이처럼 되게 한다.

·孩 : 어린아이 해

德道經

第50章

主題：若不死

出生入死(출생입사)
▶ 나오는 것을 '생'이라 하고 들어가는 것을 '죽음'이라고 한다면

生之徒十有三(생지도십유삼)
▶ 생을 쫓는 무리가 3/10이고

노자의 해설

☯ 삶의 길 : 도통

死之徒十有三(사지도십유삼)
▶ 죽음을 쫓는 무리가 3/10이며

☯ 不道人 : 도에 냉담한 자로 도심이 있으나 닦지 않는 이

　·죽음의 삶 : 무도인(無道人)과 불도인(不道人)이 각각 3/10, 즉 6/10이 된다.

人之生 動之死地 亦十有三
(인지생 동지사지 역십유삼)

▶ 사람으로 태어나서 죽을 곳으로 가는 자도 역시 3/10이다.

노자의 해설

☯ 마왕에게로 귀속되는 사람을 말하는데 삶의 길로 가는 3/10을 제외한 6/10 중에서 다시 3/10이 되므로 18%가 된다.

夫何故 以其生生之厚
(부하고 이기생생지후)

▶ 어찌 그런가 하니 그 생의 삶에 대하여 너무 집착하기 때문이다.

노자의 해설

☯ 정신수양보다는 배불리는 데에만 집착하기 때문이다.

德道經

蓋聞善攝生者 陸行不遇虎兕
(개문선섭생자 육행불우호시)

▶ 듣건대 대개 섭생을 잘하는 자는 육지에서 다닐 때 코뿔소나 호랑이를 만나지 않게 되고

노자의 해설

☯ 도통군자 중에서도 섭생을 잘하는 자는 상통군자로 1/10정도가 될 것이다.

· 섭생 : 신선처럼 사는 삶

☞ 신선은 자연과 더불어 약초를 즐겨 먹고 유유자적하게 산다.

入軍不被甲兵(입군불피갑병)

▶ 전쟁터에 들어가서도 무기로부터 공격을 받지 않게 되고

兕無所投其角 虎無所措其瓜
(시무소투기각 호무소조기과)

▶ 코뿔소는 그 뿔로 들이받을 곳이 없고 호랑이는 그 발톱으로 할퀼 곳이 없다.

兵無所容其刃(병무소용기인)
▶ 무기는 그 칼날로 몸을 공격할 수 없다.

夫何故 以其無死地(부하고 이기무사지)
▶ 어찌 그런가 하니 거기에는 죽을 곳이 없기 때문이다.

德道經

분신(分身)의 행로(行路)

우리 지구의 인구를 66억이라 하고 모든 원신들이 세 명의 분신을 태어나게 했다고 가정하면,

66억·1/3 = 22억은 원신이 선택하는 분신으로 편입되고 나머지 44억 인구는 마왕(30%, 13억2천)과 독립원신이 되는 경우(40%, 17억6천), 3천이하의 성황당산 신장 밑으로 편입(30%, 13억2천)된다.

선택된 22억 중 70%는 선택되어지고 30%는 최후 선택에서 통과하지 못할 가능성이 많아 독립원신이 될 수도 있다.

따라서 일찍 도를 만난 사람은 원신에게 선택될 가능성이 높아 성공할 가능성이 높은 것이다.

신의 계보

9천 보나라 (태을계열, 오른쪽)	9천 진나라 (옥황계열, 왼쪽)	마왕

정령신 계열   마령신 계열

정령신 계열	마령신 계열
천상옥경천존신장 (지금은 태을옥황상제)	천부마령신장
건룡조벌파군대장군 : 좌청룡	태음신장:우백호 (경제, 통상, 문화, 체육)
곤호지신벽력대장군:우백호	화령신장:좌청룡 (교통, 행정, 국토, 천지조화)

직할대

직할대	
옥정(중앙)	태백(강도,살상) 부하 : 천망, 지망
옥룡(좌)	형옥(구설수, 비방)(우)
옥형(우)	토왕(유혹)(좌)

명부

명부시왕
명부사자(중앙)

명부구왕(좌청룡)	명부팔왕(우백호)

德道經

저승사자 복색

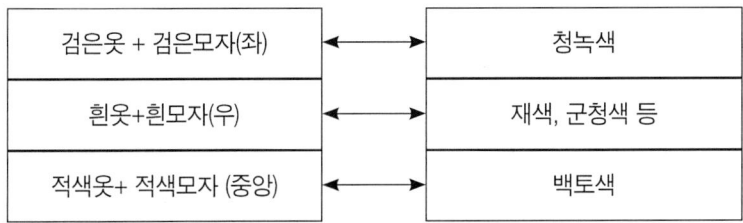

검은옷 + 검은모자(좌)	← →	청녹색
흰옷+흰모자(우)	← →	재색, 군청색 등
적색옷+ 적색모자 (중앙)	← →	백토색

憑依(빙의)

    魔(마)가 대뇌에 들어가서 자율신경계를 자극하여 대뇌를 지배하게 된다. 빙의는 마왕의 부하인 지망 + 형옥사자가 결합되어 일어나며 뇌를 무단점령하고 다른 잡신을 불러들이게 되는데 이것이 빙의가 더 심화되는 결과를 초래한다.

    지망은 대뇌 속에 자리 잡아서 퇴마사도 퇴치하기 어렵다.

    형옥사자는 퇴마사가 내 보낼 수 있는 신이기는 하지만 잠깐 나갔다가 다시 쉽게 들어오게 된다.

    지망이 대뇌 속에 자리 잡고 있는 사람은 형옥사자를 불러들이므로 지망이 있는 사람은 특별히 조심해야 한다. 형옥사자는 떠돌다가 지망의 부름을 받고 들어가게 된다. 두 살(殺)이 만나면 시너지효과를 내며 충(沖)을 발생시켜 사람을 병들게 만든다.

    지망은 우리 지구상 인구의 10%를 점유하고 있다.

    무당 중에서 본래의 원신을 받은 무당은 1% 정도에 불과하고 대부분의 무당은 지망과 다른 잡신과의 결합이다.

德道經

좀비

육체가 필요한 귀신이 죽은 사람의 시체를 이용하여 시체 안에 사는 것이다. 이와는 반대로 빙의는 살아 있는 사람에게 귀신이 들어가는 현상이다.

편집자 설명
하늘의 구조

하늘은 총 구천(九天)으로 이루어져 있다.

구천을 크게 3개로 나누어 三天이하의 下天과 四, 五, 六天의 中天과 七, 八, 九天의 上天으로 나눌 수 있다. 그리고 중천과 하천사이에는 天門을 두어 출입이 엄격히 통제된다.

각자의 원신이 속해 있는 하늘의 위치에 따라 분신의 신분의 귀천이 나누어진다.

三天이하 下天은 대기권이면서 천문 아래의 하늘이고 지구로부터 약 15만km 미만까지의 하늘이다. 3천 이하의 신은 영혼 형태로 지구상을 떠돌거나 지구상에 정착하여 사는데 건물, 나무, 동물, 사람 머릿속에 들어가 살기도 한다. 3천내에서의 신들은 가시광선을 이용하여 자유롭게 이동할 수 있다.

中天은 天門이 존재하며 지구상으로부터 15만km 이상이며 별, 은하계가 일부 존재하며 천신들이 거주하는 곳이다.

上天은 완연한 은하계권이다.

각 천계 사이의 거리는 180조억km가 되므로 3천에서 6천 사이의 거리는 540조억km가 된다.

德道經

33천

중천(자미원) + 8 × 4 = 33천

1천은 지표면이라 제외한다.

2천부터 9천은 각각 4개의 하늘로 나누어진다.

옥황상제가 거주하는 자미원은 6천에서도 독립된 하늘로 보아 1천을 구성한다.

主題 : 功成不恃

道生之 德畜之(도생지 덕축지)

▶ 도가 만물을 낳고 덕은 만물을 기른다.

노자의 해설

☯ 天道(=原神) 地德(=分身)

物形之 勢成之(물형지 세성지)

▶ 만물은 형상을 이루고 세는 그것을 완성시킨다.

노자의 해설

☯ 원신이 원신의 기로써 형상을 이루고 완성시키는 것이다.

德道經

是以萬物莫不存道而貴德
(시이만물막부존도이귀덕)

▶ 이런 까닭에 만물은 도를 존중하고 덕을 귀히 여기지 않을 수
없다.

　　·도(道) = 원신(原神)

　　·덕(德) = 분신(分身)

道之尊 德之貴 夫莫之命而常自然
(도지존 덕지귀 막부지명이상자연)

▶ 도를 존중하고 덕을 귀히 여기는 것은 누가 시켜서 한 것이
아니라 스스로 그렇게 되는 것이다.

노자의 해설

☯ 원신이 그렇게 하도록 만든 것이다.

　　·自然 : 원신

故道生之 德畜之(고도생지 덕축지)
▶ 그러므로 도(=원신)가 만물을 낳고 덕(=분신)은 만물을 기르고

長之 育之 亭之 毒之(장지 육지 정지 독지)
▶ 성장시키고 양육하고 편안하게 해주고 실하게 해주고

養之 覆之 生而不有(양지 복지 생이불유)
▶ 길러주고, 옷을 입혀주고, 낳으나 소유하려 하지 않고

爲而不恃(위이불시)
▶ 이러하지만 거기에 의지하려 하지 않고

長而不宰(장이불재)
▶ 길러주나 지배하려 들지 않는다.

是謂元德(시위원덕)
▶ 이것을 일컬어 덕의 으뜸이라 한다.

노자의 해설

☯ 元德 : 분신과 원신의 조화

德道經

第52章

主題：知母知子

天下有始 以爲天下母(천하유시 이위천하모)
▶ 세상은 시작이 있는데 그것은 세상의 어머니이다.

노자의 해설

☯ 어머니 = 원신(原神)

旣得其母 以知其子(기득기모 이지기자)
▶ 이미 그 어머니를 알았다면 그 자식을 알 수 있다.

노자의 해설

☯ 원신을 알면 그 분신을 알 수 있다.

既知其子 復守其母(기지기자 복수기모)
▶ 이미 그 자식을 알고 다시 그 어머니를 받들면

노자의 해설

☯ 분신을 알고 원신을 받들면

沒身不殆(몰신불태)
▶ 몸이 다하는 날까지 위태롭지 아니하다.

見明曰道(견명왈도)
▶ 밝음을 보는 것을 도라고 한다.

守柔曰強 修其道(수유왈강 수기도)
▶ 부드러움을 지키는 것이 강한 것이다. 그 도를 닦으라.

復歸其道(부귀기도)
▶ 그리하면 그 도로 다시 돌아갈 것이다.

德道經

☯ 復歸 : 도통되는 것, 원신에게 돌아가는 것.

故無遺身殃(고무유신앙)

▶ 그러므로 몸에 재앙을 남길 일이 없을 것이다.

노자의 해설

☯ 遺身 : 몸이 남는 것, 즉 도통이 안 되는 것이며 업보를 남기는 것.

是爲習常道(시위습상도)

▶ 이것이 항상 도를 닦는 것이다.

노자의 해설

☯ 習常 : 수도하며 도통의 진리를 깨닫는 것

主題 : 國之盜

使我介然有知道 行於大道
(사아개연유지도 행어대도)

▶ 나로 하여금 씨알만 한 자연의 도를 알 수 있게 해준다면 대도
의 길을 걸을 것이며

노자의 해설

☯ 도문소자로서 도인의 길을 가겠다.

唯施是畏(유시시외)

▶ 오직 도에서 벗어날까 두려워하노라.

노자의 해설

☯ 도인이 되지 않을까 두렵다.

214   *德道經*

大道甚夷(대도심이)

▶ 대도의 길은 한없이 평탄하지만

·夷 평탄할 이

而民好徑(이민호경)

▶ 백성들은 지름길만 좋아한다.

·지름길 : 속세의 길로 뇌물 등을 통한 진급, 승진

朝甚除 田甚蕪(조심제 전심무)

▶ 조정은 심히 웅장하고 화려하나 밭에는 잡초만이 심하게 무성하여

倉甚虛 服文綵(창심허 복문채)

▶ 곳간은 텅 비어있는 데도 옷은 화려하게 입고

帶利劍 厭飮食(대리검 염음식)

▶ 허리에는 날카로운 칼을 차고 일상 먹는 음식을 싫어하게 되고

財貨有餘 是爲賊夸 非道也哉
(재화유여 시위적과 고비도야재)

▶ 재화는 쓰고도 남음이 있으니 이것을 도적이라 할 수 있고 이
것은 진정한 도가 아니다.

德道經

第54章

主題：他處觀之

道善建者不拔(도선건자불발)
▶ 도를 굳건히 잘 닦은 자는 도의 뿌리가 뽑히지 않고

道善抱者不脫(도선포자불탈)
▶ 도를 잘 품은 자는 도에서 벗어나지 않는다.

故分身以不亡(고분신이불망)
▶ 그러므로 분신이 망하지 않는다.

修道之於身 其德乃眞(수도지어신 기덕내진)
▶ 자신에게 도를 닦으면 그 덕이 참될 것이고

修之於家 其德乃餘(수지어가 기덕내여)
▶ 가정에서 도를 닦으면 그 덕이 남음이 있게 될 것이고

修之於鄕 其德乃長(수지어향 기덕내장)
▶ 마을에서 도를 닦으면 그 덕이 성장하게 되고

修之於國 其德乃豊(수지어국 기덕내풍)
▶ 나라에서 도를 닦으면 그 덕이 풍요로워지고

修之於天下 其德乃普(수지어천하 기덕내보)
▶ 세상에서 도를 닦으면 그 덕이 두루 펼쳐질 것이다.

故以身觀身 以家觀家(고이신관신 이가관가)
▶ 그러므로 자신의 입장에서 자신을 보고 가정의 입장에서 가정을 보고

德道經

修道之於身 其德乃眞(수도지어신 기덕내진)

▶ 자신에게 도를 닦으면 그 덕이 참될 것이고

以鄕觀鄕 以國觀國(이향관향 이국관국)

▶ 마을의 입장에서 마을을 보고 나라의 입장에서 나라를 보고

以天下觀天下(이천하관천하)

▶ 세상의 입장에서 세상을 보라.

吾何以知天下然哉(오하이지천하연재)

▶ 내가 어찌 세상이 그러함을 알 수 있겠는가.

以道此(이도차)

▶ 이것은 도를 통해서 알 수 있는 것이다.

主題：不道早已

含德之厚 比於赤子(함덕지후 비어적자)
▶ 덕이 두터운 것은 영아와 같다.

노자의 해설

☯ 어린아이는 초인적인 힘이 있으므로 어린아이와 같다는 것은 초인적인 힘이 생긴다는 것이다. 초인적인 힘은 영이 맑아야 생기는 것이다.

蜂蠆蛇不螫(봉채사불석)
▶ 벌과 전갈한테 쏘이거나 뱀에게 물리지 않고

德道經

猛獸不據 攫鳥不搏(맹수불거 확조불박)

▶ 맹수가 대들지 못하고 독수리에게 공격당하지 않는다.

骨弱筋柔而握固(골약근유이악고)

▶ 뼈가 약하고 힘줄은 부드러우나 쥐는 힘은 강하다.

未知牝牡之合而全作 精氣之至也
(미지빈모지합이전작 정기지지야)

▶ 아직 남녀의 교합을 알지 못하나 생식기의 외형은 갖추어져 있으면서 그 작용을 하고 정기는 지극하다.

終日號而不喉(종일호이불후)

▶ 종일 누군가를 부르며 울어도 목이 쉬지 않는다.

和之至也(화지지야)

▶ 그것은 조화로움이 지극하기 때문이다.

知和日常 知常日道(지화왈상 지상왈도)

▶ 조화로움을 아는 것을 영원한 것이라고 말할 수 있고 영원함을 아는 것을 도라고 말할 수 있다.

益生日祥(익생왈상)

▶ 생명을 더 연장하려고 하는 것은 재앙이라 말할 수 있고

心使氣日强(심사기왈강)

▶ 마음으로 기를 부리려고 하는 것은 강포한 것이라고 말할 수 있다.

物壯則老(물장즉노)

▶ 만물이 성장하면 곧 시든다.

是謂無不道(시위무불도)

▶ 이를 일컬어 도가 아닌 것이 없다 한다.

不道早已(불도조이)

▶ 도가 아닌 것은 일찍 끝장이 난다.

德道經

第56章

主題 : 和同而得道

知者不言 言者不知(지자불언 언자부지)
▶ 아는 자는 말하지 않고, 말하는 자는 알지 못한다.

口其莫 閉其門(구기막 폐기문)
▶ 입을 다물고 문을 닫고

挫其銳 解其分(좌기예 해기분)
▶ 날카로운 것은 무디게 하고 얽힌 것은 풀어주고

和其光 同其塵(화기광 동기진)
▶ 빛을 고르게 하고 티끌과 하나가 된다.

是謂玄同(시위현동)
▶ 이것이 현묘하고 현묘한 하나 됨의 이치라고 한다.

故不可得而親 不可得而疎
(고불가득이친 불가득이소)
▶ 그러므로 득도를 한 자는 가까이만 할 수도 없고 멀리만 할 수도 없고

不可得而利 不可得而害(불가득이리 불가득이해)
▶ 이롭게만 할 수 없고 해롭게만 할 수도 없으며

德道經

不可得而貴 不可得而賤(불가득이귀 불가득이천)

▶ 귀하게만 여길 수도 없고 천하게만 여길 수도 없다.

故爲天下貴(고위천하귀)

▶ 그러므로 세상이 그를 귀하게 여긴다.

主題 : 無言之敎

德道經

吾何以知其然哉(오하이지기연재)

▶ 내가 어찌 그런 연유를 알겠는가.

以此(이차)

▶ 이것은 아래와 같기 때문이다.

天下多忌禁 而民彌貧(천하다기금 이민미빈)

▶ 세상에서 꺼리고 금기시하는 것이 많을수록 백성은 오래도록 가난해지고

民多利器 國家滋昏(민다리기 국가자혼)

▶ 백성들이 날카로운 무기를 많이 소유할수록 국가는 더욱 혼미해지고

人多伎巧 奇物滋起(인다기교 기물자기)

▶ 사람이 재주와 기교가 많을수록 기이한 물건이 더욱 활기를 친다.

法令滋彰 盜賊多有(법령자창 도적다유)
▶ 법령이 화려할수록 도둑이 더 많아진다.

故聖人云(고성인운)
▶ 그러므로 성인이 말씀하시기를

我無爲而民自化(아무위이민자화)
▶ 내(=임금)가 강제로 하는 일이 없음으로 해서 백성들이 스스로 조화롭게 되고

我好靜而民自正(아호정이민자정)
▶ 내가 침묵을 좋아함으로 해서 백성은 스스로 바르게 되고

我無事而民自富(아무사이민자부)
▶ 내가 일을 꾸미지 않음으로 해서 백성들은 스스로 부유하게 되고

德道經

我無欲而民自樸(아무욕이민자박)

▶ 내가 욕심을 내지 않음으로 해서 백성들은 스스로 통나무가
   된다.

노자의 해설

☯ 樸 : 다듬지 않은 통나무, 즉 순박한 자연의 도를 뜻한다.

主題：正反合之久

其政悶悶 其民淳淳(기정민민 기민순순)
▶ 그 정치가 밍밍하면 그 백성은 더욱 순박해지고

其政察察 其民缺缺(기정찰찰 기민결결)
▶ 그 정치가 깐깐하면 그 백성은 더욱더 결함이 많아지게 된다.

禍兮福之所倚(화혜복지소의)
▶ 화 속에 복이 있고

福兮禍之所伏(복혜화지소복)
▶ 복 속에 화가 있다.

德道經

孰知其極(숙지기극)

▶ 누가 그 끝을 알겠는가.

其無正(기무정)

▶ 그것은 정설(正說)이 없다.

正復爲奇(정부위기)

▶ 올바름이 다시 기이함이 되고

善復爲妖(선복위요)

▶ 착함이 다시 사악함이 되고

人之迷其日固久(인지미 기일고구)

▶ 사람이 미혹되어도 그것은 실로 오랫동안 함께 가는 것이다.

是以聖人方而不割(시이성인방이불해)

▶ 이로써 성인은 모가 났어도 베이지 않게 하고

·肆 : 땅에 붙어 있는 풀 종류

노자의 보충설명

☯ 정(正)과 반(反)도 합(合)이 되어 결국 함께 오래하는 것이다.

德道經

主題 : 早道之積德

治人事天莫若嗇(치인사천막약색)
▶ 사람을 다스리고 하늘을 섬기는 일은 아끼는 것과 같지 않다.

夫唯嗇 是以早道(부유색 시이조도)
▶ 대저 아낀다는 것은 일찍이 도를 섬기는 것이다.

早道 謂之重積德(조도 위지중적덕)
▶ 일찍이 도를 섬긴다는 것은 덕을 많이 쌓는 것이다.

重積德 則無不克(중적덕 즉무불극)
▶ 덕을 많이 쌓으면 이겨내지 못할 것이 없다.

無不克 則莫知其極(무불극 즉막지기극)
▶ 이겨내지 못할 것이 없으면 그 능력의 끝을 알 수 없다.

莫知其極 可以有國(막지기극 가이유국)
▶ 그 능력의 끝을 알 수 없으면 가히 나라를 맡아 다스릴 만하겠다.

有國之神 可以長久(유국지신 가이장구)
▶ 나라의 신을 잘 받들면 영원할 것이다.

· 영원 = 도통

是謂深根固柢(시위심근고저)
▶ 이것을 일컬어 뿌리가 깊고 단단하다고 하는데

長生久視之道(장생구시지도)
▶ 오래 살고 영원히 보는 것의 도이다.

234

德道經

第60章

主題 : 兩神相合之德

治大國 若烹小鮮(치대국 약팽소선)

▶ 큰 나라를 다스리는 것은 작은 생선을 삶는 것과 같다.

노자의 해설

☯ 鮮 : 原神

· 烹 : 삶다

☞ 마음을 움직이다

以道莅天下 其鬼不神(이도리천하 기귀불신)

▶ 도로써 세상을 다스리면 그 귀신(잡귀, 마왕)도 신통력이 없게
된다.

非其鬼不神 其神不傷人(비기귀불신 기신불상인)

▶ 그 귀신이 신통력이 없는 것이 아니라 신통력이 있어도 사람을 다치게 할 수가 없는 것이다.

· 鬼 : 마령신

· 神 : 본래 정령신을 뜻하나 여기서는 신통력으로 쓰임

· 人 : 마령신과 정령신의 모든 분신

非其神不傷人(비기신불상인)

▶ 그 신통력이 사람을 다치게 할 수 없는 것이 아니라

聖人亦不傷人(성인역불상인)

▶ 성인이 또한 사람을 다치게 하지 않는 것이다.

노자의 해설

☯ 다치게 하지 않는다. : 마령신은 정령신의 분신을, 정령신은 마령신의 분신을 해치지 않는다.

· 성인 = 原神

德道經

夫兩不相傷 故德交歸焉(부양불상상 고덕교귀언)

▶ 양쪽을 서로 해치지 않으므로 덕이 서로에게 돌아간다.

노자의 해설

☯ 양쪽 : 정령신과 마령신을 말한다.

第61章

主題：爲下之道

大國者下流(대국자하류)
▶ 큰 나라는 강의 하류와 같다.

天下之交(천하지교)
▶ 세상의 사람들이 교류하는 곳

天下之牝 牝常以靜勝牡(천하지빈 빈상이정승모)
▶ 세상의 음이며 음은 항상 고요함으로 양을 이긴다.

德道經

以靜爲下 故大國以下小國
(이정위하 고대국이하소국)

▶ 이로써 고요함은 스스로를 낮추고, 그러므로 큰 나라는 작은 나라 앞에서 스스로를 낮추므로

以則取小國 小國以下大國
(이즉취소국 소국이하대국)

▶ 이로써 작은 나라를 얻게 되고 작은 나라는 큰 나라를 향해 내려감으로써

則取大國 故或下以取(즉취대국 고혹하이취)

▶ 곧 큰 나라를 얻게 된다. 그러므로 혹은 스스로를 낮춤으로써 취할 수 있고

或下而取(혹하이취)

▶ 혹은 스스로 내려감으로써 다른 나라를 얻을 수 있다.

大國不過欲兼畜人(대국불과욕겸축인)

▶ 큰 나라는 사람을 모아 겸양지덕으로 대하고 지나친 욕심이 없어야 한다.

노자의 해설

☯ 작은 나라의 백성을 원조해 주는 것이다.

小國不過欲入事人(소국불과욕입사인)

▶ 작은 나라는 큰 나라에 들어가서 그 나라 사람을 섬기고 지나친 욕심이 없어야 한다.

夫兩者各得其所欲 大者宜爲下
(부량자각득기소욕 대자의위하)

▶ 큰 나라와 작은 나라가 바라는 바를 얻으려면 큰 나라가 먼저 스스로를 낮춰야한다.

德道經

主題：天下之貴道

第62章

道善人之寶(도선인지보)
▶ 도는 선한자의 보배이고

不善人之所保(불선인지소보)
▶ 선하지 않은 자에게도 보호막이 된다.

美言可以市(미언가이시)
▶ 아름다운 말은 널리 퍼지고

노자의 해설

☯ 아름다운 말 : 교화

尊行可以加人 (존행가이가인)

▶ 존경스러운 행위는 사람들에게 뭔가를 더 해줄 수도 있다.

人之不善 何棄之有 (인지불선 하기지유)

▶ 사람이 선하지 않다고 하여 어찌 버릴 것이 있겠는가.

노자의 해설

☯ 도인이 아니라고 하여 어찌 분신을 버리겠는가.

故立天下置三公 雖有拱璧以先駟馬
(고립천하치삼공 수유공벽이선사마)

▶ 그러므로 천자를 옹립하고 삼공을 임명할 때 비록 네 필이 끄는 마차를 앞세우고 큰 옥을 바치지만

편집자 설명

☯ 삼공 : 영의정, 좌의정, 우의정

☯ 駟馬 : 천자가 삼공에게 내려주는 네 마리 말

말 한 필당 8만병의 병력이 있음. 駟馬는 32만 명의 병력 규모임. 삼공이 지나가면 32만 × 3 = 92만 명의 병력(약 100만 대군)이 따른다. 삼공이 지나갈 때 백성(휘하부하와 장관들이며 민초는 아님)들이 삼공에게 옥을 바친다.

德道經

不如坐進此道(불여좌진차도)
▶ 오히려 무릎을 꿇고 도를 바치는 것만 못하다.

古所以貴此道者何(고소이귀차도자하)
▶ 옛 사람이 도를 귀하게 여긴 까닭이 무엇인가.

不曰以求得 有罪以免邪(불왈이구득 유죄이면사)
▶ 도로써 구하면 얻을 수 있고 죄가 있어도 사악함을 면할 수 있기 때문에

故爲天下貴(고위천하귀)
▶ 그러므로 세상이 도를 귀하게 여기는 것이다.

主題 : 始難終易

爲無爲(위무위)
▶ 함이 없는 함을 행하고

노자의 해설

☯ 만물은 누가 시켜서 이루어지는 것이 아니라 저절로 이루
어지는 것이다.

事無事(사무사)
▶ 일 함이 없는 일을 행하고

---

244   德道經

味無味(미무미)
▶ 맛없는 맛을 보라.

노자의 해설
☯ 도는 맛이 없고 청백하므로 도를 닦는다는 것은 청백한 삶을 사는 것이다.

大小多少(대소다소)
▶ 큰 것은 작게 생각하고 많은 것은 적게 생각하라.

노자의 해설
☯ 태산을 소산이라고 생각하라.

報怨以德(보원이덕)
▶ 원한을 덕으로써 갚아라.

노자의 해설
☯ 해원상생(解冤相生)

圖難於其易(도난어기이)
▶ 어려운 것을 해결하려면 그것이 쉬울 때 해야 하고

爲大於其細(위대어기세)
▶ 큰 것을 해결하려면 그것이 작을 때 해야 한다.

天下難事 必作於易(천하난사 필작어이)
▶ 세상에서 제일 어려운 일도 반드시 쉬운 일에서 시작되고

天下大事 必作於細(천하대사 필작어세)
▶ 세상의 큰일도 반드시 작은 일에서 시작되는 것이다.

是以聖人終不爲大(시이성인종불위대)
▶ 이로써 성인은 종국에 가서는 큰일을 하지 않는다.

노자의 해설

😊 성인은 처음부터 일을 시작하므로 나중에 한꺼번에 처리하려 하지 않는다.

德道經

故能成其大(고능성기대)
▶ 그러므로 능히 큰일을 이루는 것이다.

夫輕諾必寡信(부경낙필과신)
▶ 무릇 가볍게 수락하는 자는 반드시 믿음이 없게 되는 것이고

多易必多難(다이필다난)
▶ 너무 쉽게 생각하는 자는 반드시 어려움이 많이 따르게 된다.

是以聖人猶難之(시이성인유난지)
▶ 이로써 성인은 오히려 쉬운 일을 어려운 일처럼 여기는 것이다.

故終無難矣(고종무난의)
▶ 그러므로 종국에 가서는 어려움이 없게 되는 것이다.

第64章

主題：使不爲

其安易持(기안이지)

▶ 안정이 되면 유지하기가 쉽고

其未兆易謀(기미조이모)

▶ 기미가 조숙 단계이면 그 일을 도모하기가 쉽다.

其脆易泮 其微易散(기취이반 기미이산)

▶ 얼음이 약할 때 그 얼음을 깨기 쉬우며 미세할 때 흩어 버리기 가 쉽다.

德道經

爲之於未有(위지어미유)

▶ 아직 그 일이 사건화되기 전에 그 일을 처리하고

治之於未亂(치지어미란)

▶ 아직 혼란해지기 전에 그 일을 다스려야 한다.

合抱之木 生於毫末(합포지목 생어호말)

▶ 아름드리나무도 털끝 같은 싹에서 생겨나고

九層之臺 起於累土(구층지대 기어누토)

▶ 구층 누대도 한 줌의 흙이 쌓여서 올라가고

·구층 누대 : 흙으로 쌓아 올린 벽

千里之行 始於一足(천리지행 시어일족)

▶ 천리를 가는 것도 한 걸음부터 시작된다.

爲者敗之 執者失之(위자패지 집자실지)

▶ 억지로 하는 자, 그 일에 실패하게 되고 집착하는 자 그것을 잃게 된다.

是以聖人無爲故無敗(시이성인무위고무패)

▶ 이로써 성인은 강제로 하지 않으므로 실패가 없는 것이다.

無執故無失(무집고무실)

▶ 집착하지 않으므로 잃는 것이 없다.

民之從事 常於幾成而敗之
(민지종사 상어기성이패지)

▶ 사람이 그 일에 종사할 때 항상 거의 성공을 눈앞에 두고 실패 한다.

愼終如始 則無敗事(신종여시 칙무패사)

▶ 처음에 할 때처럼 끝에서도 신중했다면 실패하는 일이 없었을 것이다.

德道經

노자의 해설

☯ 불망초심(不忘初心)

是以聖人欲不欲(시이성인욕불욕)

▶ 이로써 성인은 욕심을 갖지 않으려는 욕심만 있고

不貴難得之貨(불귀난득지화)

▶ 어렵게 얻은 금은보화를 귀히 여기지 않는다.

他學不學(타학불학)

▶ 남이 배우지 않는 것을 배우고

復衆人之所過(복중인지소과)

▶ 많은 사람들이 지나쳐 버리는 곳으로 되돌아간다.

노자의 해설

☯ 많은 이들이 재화에 관심이 많고 학문을 등한시한다.

以輔萬物之自然(이보만물지자연)

▶ 만물의 자연스러움을 도와줄 뿐

노자의 해설

☯ 원신이 분신에게 메시지로 지시만 해줄 뿐이다.

而不敢爲(이불감위)

▶ 억지로 하는 일을 감히 하지 않는다.

德道經

主題 : 大順道

古之善爲道者 非以明民
(고지선위도자 비이명민)

▶ 예로부터 도를 잘 닦던 사람은 도로써 사람을 총명하게 하려
하지 않고

將以慧之(장이혜지)

▶ 장차 그것(도)으로써 혜자(혜안을 가진 자)를 만들었다.

民之難治(민지난치)

▶ 사람을 다스리기 어려운 것은

故以偏智治國(고이편지치국)
▶ 그러므로 편중되게 아는 것으로 나라를 다스린다는 것은

國之賊(국지적)
▶ 나라의 도적이 되는 것이다.

以中治國 國之福(이중치국 국지복)
▶ 중용으로 나라를 다스린다는 것은 나라의 복이 된다.

知此兩者亦稽式(지차양자역계식)
▶ 이 두 가지를 깨닫는 것이 하늘의 도를 깨닫는 것이다.

· 두 가지 : 중용, 혜자

노자의 해설

☯ 하늘의 도를 깨닫는 것은 점수 따는 법을 알아서 점수가

德道經

쌓여간다는 것이다.

·稽式 : 도 점수 저축

常知稽式 是謂玄德(상지계식 시위현덕)

▶ 항상 하늘의 도를 깨닫고 있음을 그윽한 덕이라고 한다.

노자의 해설

☯ 점수를 저축하고 도를 잘 닦고 있다는 것이다.

玄德深矣遠矣(현덕심의원의)

▶ 그윽한 덕은 깊고 멀어서

與物反矣(여물반의)

▶ 더불어 만물의 생성 이치에 반하는 것 같지만

然後乃至大順眞理(연후내지대순진리)

▶ 그런 뒤에는 결국 진리라는 도에 크게 따르게 되는 것이다.

主題 : 聖而民

江海所以能爲百谷王者(강해소이능위백곡왕자)
▶ 강과 바다가 능히 백곡의 왕이 될 수 있는 것은

以其善下之(이기선하지)
▶ 강과 바다가 스스로 낮추기를 잘하기 때문이다.

故能爲百谷王(고능위백곡왕)
▶ 그러므로 능히 백곡의 왕이 될 수 있는 것이다.

德道經

是以欲上民(시이욕상민)

▶ 이로써 백성 위에 군림하고자 하면

必以言下之(필이언하지)

▶ 반드시 말로써 그들 자신을 낮추어야 하고

欲先民 必以身後之(욕선민 필이신후지)

▶ 백성 앞에 나서고자 한다면 반드시 그 몸을 백성 뒤에 두어야 한다.

是以聖人處上而民不重(시이성인처상이민불중)

▶ 이로써 성인은 백성 위에 처해 있어도 그 백성은 중압감을 느끼지 못한다.

處前而民不害(처전이민불해)

▶ 백성 앞에 처해 있어도 그 백성은 해로움을 느끼지 못한다.

是以天下樂推而不厭(시이천하낙추이불염)
▶ 이로써 세상 사람들은 그(성인)를 즐거이 받들고 싫어하지 않으며

以其不爭(이기부쟁)
▶ 그 성인은 겨루려 하지 않는다.

故天下莫能與之爭(고천하막능여지쟁)
▶ 그러므로 세상은 그(성인)와 더불어 겨루려 하지 않는다.

德道經

主題：慈愛之神

天下皆謂我道大 似不肖
(천하개위아도대 사불초)

▶ 세상 모두가 일컫기를 나의 도가 크다고 하나 (실제 나의 도는) 그와 비슷하지만 똑같지는 않다.

夫唯大 故似不肖(부유대 고사불초)

▶ 무릇 오직 크기만 하므로 크게는 보이지만 똑같지는 않은 것이다.

若肖久矣(약초구의)

▶ 만약 오래전에 (큰 도와) 똑같았다면

其細也夫(기세야부)

▶ 그 도는 작아졌을 것이다.

我有三寶(아유삼보)

▶ 나에게 세 가지 보물이 있어

持而保之(지이보지)

▶ 그것을 지니고 보존한다.

一曰慈 二曰儉 三曰不敢爲天下先
(일왈자 이왈검 삼왈불감위천하선)

▶ 첫째는 자애, 둘째는 검소, 셋째는 감히 세상을 앞서려 하지 않는 것이다.

慈故能勇 儉故能廣(자고능용 검고능광)

▶ 자애 때문에 능히 용감하고 검소하기 때문에 능히 널리 베풀 수 있고

德道經

不敢爲天下先(불감위천하선)

▶ 감히 세상에 앞서려 하지 않기에

故能成器長(고능성기장)

▶ 그러므로 능히 그릇을 이루는 데 으뜸이 될 수 있다.

今舍慈且勇(금사자차용)

▶ 이제 자애를 버린 채 용감하기만 하고

舍儉且廣(사검차광)

▶ 검소함을 버린 채 널리 베풀기만 하고

舍後且先 死矣(사후차선 사의)

▶ 뒤에서는 버린 채 앞서기만 하면 그것은 죽음과 같은 것이다.

夫慈以戰則勝 以守則固(부자이전칙승 이수칙고)

▶ 무릇 자애로써 싸운다면 승리하고 자애로써 지키기만 한다면 견고하다.

天將救之 以慈衛之(천장구지 이자위지)

▶ 하늘도 장차 백성들을 구하고자 한다면 그 자애로써 그(백성)
를 지킬 수 있다.

노자의 해설

☯ 천상계의 원신들도 자애를 중요시하기 때문에 이 자애로써
분신을 지켜주는 것이다.

德道經

第68章

主題：不爭之德

善爲士者不武 善戰者不怒
(선위사자불무 선전자불노)

▶ 훌륭한 무사는 무기를 쓰지 않으며 훌륭한 전사는 성내지 않는다.

善勝敵者不與 是謂不爭之德
(선승적자불여 시위부쟁지덕)

▶ 훌륭한 승자는 그와 더불어 대적하지 않는데 이를 일컬어 싸우지 않음의 덕이라 한다.

善用人者爲之下 是謂用人之德
(선용인자위지하 시위용인지덕)

▶ 훌륭한 고용인은 스스로 자신을 낮추는데 이를 일컬어 사람 씀의 덕이라 한다.

是謂配天古之極(시위배천고지극)

▶ 이를 일컬어 하늘과 짝이 된다고 하는데 이는 예로부터 내려 오는 지극한 이치이다.

노자의 해설

☯ 이를 일컬어 도통이라 한다.

·配天 : 원신과 분신이 짝을 이루는 것 즉 도통을 말함

德道經

主題：執無兵

用兵有言(용병유언)
▶ 용병을 함에 있어 다음과 같은 말이 있다.

吾不敢爲主而爲客(오불감위주이위객)
▶ 내가 감히 주인 노릇하지 않고 손님 노릇을 하고

不敢進寸而退尺(불감진촌이퇴척)
▶ 감히 한 치도 전진하려 하지 말고 한 자를 물러서라.

是以退尺二步進行(시위퇴척이보진행)

▶ 이를 일컬어 일보 후퇴는 이보 전진이라 한다.

攘無臂扔無敵(양무비 잉무적)

▶ 팔이 없어도 소매를 걷고 적이 없어도 적을 쳐부순다.

是執無兵(시집무병)

▶ 이것을 무기 없이 무기를 잡음이라 한다.

禍莫大於輕敵(화막대어경적)

▶ 화 중에 적을 가볍게 여기는 것보다 큰 화는 없다.

輕敵幾喪吾寶(경적기상오보)

▶ 적을 가볍게 여기면 나의 보물을 다 잃게 된다.

노자의 해설

☯ 知彼知己者百戰不殆(지피지기자백전불태)

德道經

故抗兵相加(고항병상가)

▶ 그러므로 서로 군사를 일으켜 항거할 때는

知彼知己者勝矣(지피지기자승의)

▶ 적을 알고 나를 아는 자가 승리하는 법이다.

第70章

主題 : 其心貴

吾言甚易知 甚易行(오언심이지 심이행)

▶ 내 말은 매우 알기 쉽고 매우 행하기 쉬운데

天下莫能知 莫能行(천하막능지 막능행)

▶ 세상 사람들은 능히 알지도 못하고 능히 실행하지도 못한다.

言有骨 事有群君(언유골 사유군군)

▶ 말에는 뼈가 있고 무리지어 일하는 곳에는 통치자가 있기 마련이다.

德道經

夫唯無知 是以不我知(부유무지 시이불아지)

▶ 무릇 사람들이 알지 못하는 것이 있다. 이로써 나를 알지 못하는 것이다.

知我者希 則我者貴(지아자희 즉아자귀)

▶ 나를 아는 자 드물고 나를 따르는 자 귀하다.

是以聖人被褐懷玉心(시이성인피갈회옥심)

▶ 이로써 성인은 굵은 칡베 옷을 입지만 마음에는 옥을 품고 있다.

主題：知病病

知不知 上(지부지 상)
▶ 알지 못한 것을 아는 것이 최상이다.

不知知 病(부지지 병)
▶ 알지 못하면서 안다고 하는 것은 병이다.

夫唯病病 是以不病(부유병병 시이불병)
▶ 무릇 오직 병을 병으로 알기에 이로써 병이 안 되는 것이다.

德道經

以其病病 是以不病 故聖人不病
(이기병병 시이불병 고성인불병)

▶ 그 병을 병으로 알기 때문에 병이 안 된다. 그러므로 성인은 병이 없다.

聖人病不畏威(성인병불외위)

▶ 성인은 병을 두려워하지 않는다.

第72章

主題：不厭樂

民不畏威 則大威至(민물외위 즉대위지)
▶ 백성들이 두려워할 것에 두려워하지 않으면 큰 두려움에 이를 것이다.

無押其所居(무압기소거)
▶ 억누름이 없는 곳에서만 지내려 하고

無壓其所生(무압기소생)
▶ 억누름이 없는 곳에서만 살려고 한다.

德道經

夫唯不厭(부유불염)

▶ 무릇 오직 그것들만 싫어하지 마라.

是以不厭樂(시이불염악)

▶ 이로써 싫어하지 말고 즐겨라.

是以聖人自知自見(시이성인자지자견)

▶ 이로써 성인은 스스로 아는 것에 스스로 드러내지 않고

自愛不自貴(자애불자귀)

▶ 스스로를 사랑하지만 스스로를 귀하게 여기지 않는다.

故聖人去彼取此(고성인거피취차)

▶ 그러므로 성인은 전자를 버리고 후자를 택한다.

· 전자 : 억눌림이 없는 곳에서만 살려 하는 것

· 후자 : 싫어하지 않고 즐기는 것(피할 수 없으면 차라리 즐기
는 것이 낫다.

主題：天之道

勇於敢則殺(용어감즉살)
▶ 과감히 싸우러 나가는 용사는 곧 죽게 되고

勇於不敢則活(용어불감즉활)
▶ 과감히 싸우러 나가지 않는 용사가 곧 살게 된다면

此兩者或利或害(차량자혹리혹해)
▶ 이 둘 가운데 혹자는 이롭고 혹자는 해로운 것이다.

德道經

天之所惡 孰知其故(천지소오 숙지기고)

▶ 하늘이 그것을 싫어하는 바에 대해 누가 그 연유를 알 수 있겠는가.

是以聖人猶難之(시이성인유난지)

▶ 이로써 성인도 오히려 그것을 논하기가 어려운 것이다.

天之道 不爭而善勝(천지도 부쟁이선승)

▶ 하늘의 도는 싸우지 않고도 잘 이기는 것이며

不言而善應 不召而自來(불신이선응 불소이자래)

▶ 말하지 않아도 잘 응답하는 것이고 부르지 않아도 스스로 오는 것이고

繟然而善謀(천연이선모)

▶ 보잘 것 없는 재료로도 잘 꾸미는 것이다.

天網恢恢 疏而不失(천망회회 소이불실)

▶ 하늘의 그물은 넓고 넓어서 구멍이 성성하지만 (고기를) 놓치는 일이 없다.

主題：職業召命

民不畏死(민불외사)
▶ 사람이 죽음을 두려워하지 않으면

奈何以死懼之(나하이사구지)
▶ 어떻게 죽음으로써 그들을 두렵게 할 수 있겠는가.

若使民常畏死 而爲奇者
(약사민상외사 이위기자)
▶ 만약 사람들이 항상 죽음을 두려워하도록 하고 만약 이상스런 짓을 하는 자가 있어

德道經

吾得執而殺之(오득집이살지)
▶ 내가 잡아서 그를 죽인다면

孰敢 事爲其(숙감 사위기)
▶ 누가 감히 그 일을 하겠는가?

☞ 기이한 행동을 아무도 하지 않을 것이다.

常有司殺者殺(상유사살자살)
▶ 항상 사람 죽이는 일을 맡은 자가 사람을 죽인다.

夫代司殺者殺(부대사살자살)
▶ 무릇 사람 죽이는 자를 대신하여 사람을 죽인다면

是謂代大匠斲(시위대대장착)
▶ 이것을 일컬어 대목장을 대신하여 나무를 깎는 일과 같다고 하겠다.

夫代大匠斲者(부대대장착자)

▶ 무릇 대목장을 대신하여 나무를 깎는 자가

希有不傷其手矣(희유불상기수의)

▶ 그 손을 다치지 않는다는 것은 드문 일이다.

德道經

第75章

主題：勿欲慾生

民之饑(민지기)
▶ 백성이 굶주리는 것은

以其上食稅之多 是以饑
(이기상식세지다 시이기)
▶ 윗사람이 세금을 너무 많이 징수하기 때문이며 이로써 굶주리 게 되는 것이다.

民之難治(민지난치)
▶ 백성을 다스리기가 어려운 것은

以其上之有爲 是以難治
(이기상지유위 시이난치)

▶ 윗사람이 무엇인가를 하려고 하기 때문에 다스리기 어려운 것
이다.

民之輕死(민지경사)

▶ 백성이 죽음을 가볍게 여기는 것은

以其上求生之厚 是以輕死
(이기상구생지후 시이경사)

▶ 윗사람이 지나치게 자신의 삶을 윤택하게 하려 하기 때문에
백성이 그 죽음을 가볍게 여기는 것이다.

夫唯無欲生爲者(부유무욕생위자)

▶ 무릇 오직 욕심 없는 생을 영위하는 자는

是賢於欲貴生(시현어욕귀생)

▶ (욕심 많은) 생을 귀하게 여기는 자보다 현명하다 .

德道經

第76章

主題：弱善於强

人之生也柔弱(인지생야유약)

▶ 사람이 살아 있을 때는 부드럽고 약하지만

其死也堅强(기사야견강)

▶ 죽으면 견고하고 강해진다.

☞ 죽은 육체가 뻣뻣하게 굳어짐을 나타낸다.

萬物草木之生也柔脆(만물초목지생야유취)

▶ 풀과 나무 같은 온갖 것들도 살아서는 부드럽고 연하지만

其死也枯槁(기사야고고)

▶ 죽으면 말라서 딱딱해진다.

故堅强者死之徒(고견강자사지도)
▶ 그러므로 견고하고 강한 것은 죽음의 무리이고

柔弱者生之徒(유약자생지도)
▶ 부드럽고 약한 것은 삶의 무리이다.

是以兵强則不勝(시이병강즉불승)
▶ 이로써 군대가 강하면 즉 이기지 못하고

木强則折(목강즉절)
▶ 나무가 강하면 꺾이고 만다.

强大處下(강대처하)
▶ 강하고 큰 것은 밑에 놓이고

柔弱處上(유약처상)
▶ 부드럽고 약한 물질은 위에 놓이게 된다.

德道經

第77章

主題：成功其不處

天之道損有餘而補不足(천지도손유여이보부족)
▶ 하늘의 도는 남는 데서 덜어내어 모자란 곳에 보태지만

人之道則不然(인지도즉불연)
▶ 사람의 도는 그러하지 않다.

損不足以奉有餘(손부족이봉유여)
▶ 부족한 곳에서 덜어내어 여유 있는 곳에 바친다.

能孰有餘以奉天下?(능숙유여이봉천하)
▶ 능히 남는 곳에서 덜어내어 천하에 봉사하는 자 누구이겠는가?

唯有道者(유유도자)
▶ 오직 도가 있는 자만이 가능하다.

是以聖人爲而不恃(시이성인위이불시)
▶ 이로써 성인은 할 일은 다하나 거기에 기대려하지 않고

德道經

功成而不處(공성이불처)

▶ 공을 이루나 그 공에 처하지 않고

其不欲見賢(기불욕견현)

▶ 자기의 현명함을 드러내려 하지 않는다.

第78章

主題 : 社稷之主

天下莫柔弱於水(천하막유약어수)
▶ 천하에 물보다 부드럽고 약한 것은 없다.

而攻堅强者 莫不能勝(이공견강자 막불능승)
▶ 그러나 강자를 공격했을 때는 능히 승리하지 못함이 없다.

以其無以易之(이기무이역지)
▶ 그 어떤 것도 물과 바꿀만한 것이 없다.

德道經

柔弱之水勝强鐵(유약지수승강철)
▶ 부드럽고 약한 물이 강철판을 뚫는다는 것은

天下莫不知(천하막부지)
▶ 천하에 알지 못하는 자가 없다.

莫能行(막능행)
▶ 그러나 능히 행동에 옮기지는 못한다.

是以聖人云(시이성인운)
▶ 이로써 성인이 말씀하시기를

受國之垢(수국지구)
▶ 나라의 온갖 구욕(흉)을 받아들이는 자,

是謂社稷主(시위사직주)
▶ 이를 일컬어 사직의 주인이라고 할 수 있다.

287

受國不祥(수국불상)
▶ 나라의 상서롭지 못한 일을 자신이 받아들이는 자,

是謂天下王(시위천하왕)
▶ 이를 일컬어 세상의 왕이라고 할 수 있다.

德道經

第79章

主題 : 聖人有弱處

和大怨 必有餘怨(화대원 필유여원)
▶ 큰 원한은 화해하더라도 반드시 원한의 남음이 있다.

安可以爲善(안가이위선)
▶ 어찌 가히 잘된 일이라 하겠는가.

是以聖人執左契(시이성인집좌계)
▶ 이로써 성인은 채권자의 편에 서서

而不責於人(이부책어인)
▶ 채무자에게 다그치지 않는다.

有德司契(유덕사계)
▶ 덕자는 계약업무를 맡고

無德司徹(무덕사철)
▶ 무덕자는 징수 업무를 맡는다.

天道無親(천도무친)
▶ 하늘의 도는 누구와도 친함이 없이

常與善人(상여선인)
▶ 항상 선한 자와 더불어 존재한다.

德道經

主題 : 小國管理

小國寡民 使有什伯之器而不用
(소국과민 사유십백지기이불용)

▶ 백성이 적고 작은 나라에게는 열 가지, 백 가지 병기가 있으나
  쓰이지 않도록 하라.

使民重死而不遠徙(사민중사이불원사)

▶ 백성으로 하여금 죽음을 중하게 여기게 하고 멀리 이주하지
  않도록 하라.

雖有舟輿 無所乘之(수유주여 무소승지)

▶ 비록 배와 수레가 있어도 타는 일이 없도록 하라.

雖有甲兵 無所陳之(수유갑병 무소진지)
▶ 비록 병장기와 군인이 있어도 진을 치는 일이 없도록 하라.

使人復結繩而用之(사인부결승이용지)
▶ 사람들이 다시 노끈을 꼬아 쓰도록 하고

노자의 해설

☯ 안분지족

甘其食(감기식)
▶ 먹을 음식을 달게 여기게 하고

노자의 해설

☯ 소박한 음식도 맛있게 먹어라.

安其居(안기거)
▶ 거처를 편안하게 여기며 살도록 하고

德道經

樂其學習(낙기학습)

▶ 배우고 익히는 것을 즐기도록 하라.

隣國相望(인국상망)

▶ 이웃 나라가 서로 바라보이고

鷄犬之聲相聞(계견지성상문)

▶ 닭소리 개소리가 서로 들리지만

民至老死 不相往來(민지노사 불상왕래)

▶ 늙어 죽을 때까지 서로 왕래하지 않는다.

노자의 해설

☯ 춘추전국시대에 전쟁에 휘말리지 않고 중립을 유지하기 위
함이다.

第81章

主題 : 魚志

信言不美 美言不信(신언불미 미언불신)

▶ 믿음직한 말은 아름답지 못하고 아름다운 말은 믿음직스럽지 못하다.

善者不辯 辯者不善(선자불변 변자불선)

▶ 착한 자는 변명하지 않고 변명하는 자는 선하지 않다.

偏知者不博 博者不偏知
(편지자불박 박자부편지)

▶ 편중되게 아는 자는 박식하지 못하고 박식한 자는 편중되게 알지 않는다.

德道經

聖人不積財(성인부적재)
▶ 성인은 재화를 쌓아 놓지 않는다.

用旣以爲人 已愈德有(용기이위인 이유덕유)
▶ 사람들을 위해 모두 쓰는 것은 그것은 뛰어난 덕이 있기 때문이다.

旣以與人 其愈德多(기이여인 기유덕다)
▶ 사람들에게 이미 베풀었지만 그럴수록 덕은 많이 쌓이게 된다.

天之道 利而不害(천지도 이이불해)
▶ 하늘의 도는 이롭게 할 뿐 해는 없다.

聖人之道 事爲而不相爭(성인지도 사위이부상쟁)
▶ 성인의 도는 일을 함에 있어 서로 싸우지 않는다.

故而相生(고이상생)
▶ 그러므로 서로 살게 되는 것이다.

是以道人之道(시이도인지도)

▶ 이로써 도인이 가야할 길에는

魚志(어지)

▶ 원신의 뜻이 내재해 있다.

德道經

노자의 추가 당부 말씀

人能弘道(인능홍도)
인간이 도를 넓히는 것이다.

非道弘人(비도홍인)
도가 인간을 넓히는 것이 아니다.

☯ 사람이 도를 알려주어야 한다.

☯ 당시 도를 널리 전파하지 못한 것은 나라에서 농사는 짓지
   않고 도만 닦는다고 금지하였기 때문이다.

道不同不同(도부동부동)
같은 도가 아니면 통하지 않는다.

· 同=通과 같은 의미로 쓰임.

鄕原德之賊也(향원덕지적야)
시골에서 도를 논하는 것을 원신이 본다면 도적이라 할 것이다.

· 鄕 : 정통이 아닌 도

· 原 : 원신

· 德 = 道

· 賊 : 도의 본뜻을 따르지 않음

非門道聽而塗 說德之棄也(비문도청이도 설덕지엽야)
진정한 도의 문하생이 아닌 사람에게 들은 도는 도둑놈 심보의
도라서 그 말, 그런 도는 빨리 버려야 한다.

☯ 진정한 도는 어떠한 경우에도 재물을 요구하지 않는다.

不知命 無爲道也(부지명 무위도야)
원신이 설계한 명을 알지 못하고서는 도를 행할 수가 없느니라.

☯ 도에 마음이 있는 자는 먼저 자신의 원신을 찾고 원신이 설
    계한 자신의 명을 알아야 하는 것이다.

不知學 無爲知人也(부지학 무위지인야)
도를 배워서 알지 못한다면 다른 사람에게도 알릴 수가 없는 것이다.

德道經

부록

原神(원신)들의 메시지 모음

太乙玉皇上帝(태을옥황상제) 메시지

太乙曰 工左右人 女鳥足減 入山

代刀於讀信出二板要 銅龕 登前也

要旨(요지) : 태을옥황상제께서 옥황상제로 등극하기 전 분신들에게 제출 요구한 과제에 관한 내용이다.

太乙信曰 月到天心 處風來水面時 一拾萬圓

淸金未虎命申料得隘

要旨(요지) : 원신이 분신을 생각하는 마음과 제출한 과제에 대한 평가점 수를 내려준 글이다.

有極卽是無極 無極卽是有極也

要旨(요지) : 태을옥황상제께서 등극하기 전에 내려준 말씀이다.

德道經

後同不鄕曲之士 於皆安信事成

於神造和 後大降其信 後人山金龕 不知不慍易也

要旨(요지) : 미래에는 신인조화로 모든 것이 안정될 것이니 현재의 상황
에 잘 대처하라는 말씀이다.

연꽃의 신화

The lotus has been ascribed with special meaning since
the times of ancient indian mythology.

연꽃은 고대 인도 신화시대 이래로 특별한 의미로 받아들여진다.

Esoteric symbolism of the brahman religion, which
predates buddhism in india,

인도에서 불교시대를 앞서는 브라만교의 심원한 비밀의 상징주의는

Includes the tale of a lotus blossoming forth from the
naval of the spirit NARAYANA, eternally asleep in
turbulent water.

영원히 거친 물속에서 잠을 자는 정령 나라야나의 배꼽으로부터 기원한
연꽃의 꼬리를 포함한다.

From this time, the lotus was associated with the notion of
"creating the universe" and "coming into being".

이때부터 연꽃은 "우주창조"라는 생각과 "존재의 생성"이라는 생각과 연
관이 있다.

301

This "world lotus belief" is likened to the concept of "lotus transformation rebirth".

이러한 "세계연화 사상"은 연화화생의 개념과 비교되기도 한다.

깨달음의 고통

If had prince siddhartha attached to his wife, child, kingdom and worldly pleasure

만일 싯다르타 왕자가 그의 아내, 아이, 왕국과 속세의 즐거움에 매여 있었다면,

He would never have been able to religious a leader.

그는 결코 종교적인 지도자가 되지는 못했을 것이다.

Therefore, he had to sacrifice everything including worldly pleasures to find the truth.

따라서 그는 진리를 발견하기 위해 세속적인 즐거움을 포함한 모든 것을 희생해야만 했다.

Beneath the shade of a great pipalla tree, a bodhitree(enlightenmenttree) beside a river he resolved.

강가 옆 보리수(깨달음의 나무), 커다란 보리수나무 아래서 그는 결심했다.

"I will not rise from this point, until I am enlightened. Flesh may wither away, blood may dry up. But until I gain enlightenment I shall not move from this seat"

나는 깨달음을 얻을 때까지 이 자리에서 일어나지 않을 것이다. 살이 시들어 가고 피가 말라 없어질지도 모른다. 그러나 나는 깨달음을 얻을 때까지 이 자리에서 결코 움직이지 않을 것이다.

Tao in its essence is the art from source god into the relieve of one's own being, and it liberates us from all devils

본질적으로 도는 원신으로부터 자기 자신의 존재를 구원받는 방법이다. 그리고 그것(구원받는 방법)만이 우리를 모든 마왕들로부터 해방시켜준다.

Consequently, I hope that the all godson will all retain this teaching in mind and will make genuine pray to the source god only with taoist body and mind.

따라서 나는 모든 분신들이 이러한 가르침을 명심하기 바라고 오직 도인의 몸과 마음으로 원신에게 진정한 기도를 올려주기 바란다.

The most beautiful candlelight we offer to the source god is the very candlelight of wisdom, lit within the mind sincerely.

우리가 원신에게 올리는 가장 아름다운 촛불은 지극 정성으로 마음속에 밝힌 바로 지혜의 촛불이다.

Also, the most fragrant incense-offering we offer to the source god is one of compassion fragrance toward sourcegod.

또한 우리가 원신에게 올린 가장 향기로운 것은 원신을 향한 자비의 향이다.

As a result, brightening the haven realm where the source god stay by making godson body a candle

따라서, 분신의 몸을 촛불이 되게 함으로써 원신이 머물고 계시는 천상계를 환하게 밝히는 것

Or purifying the haven realm where the source god resides by making godson body an incense,

혹은 분신의 몸을 향으로 삼음으로써 원신이 계시는 곳을 향기롭게 하는 것

Which is one of the greatest and most genuine source god pray.

이것이야말로 가장 훌륭하고도 가장 순수한 원신기도 중의 하나이다.

華陀原神(화타원신) 메시지

魚降道理 204201212401 坤二萬 乾二萬
出始82於206801212401 上中20億 下20億出
1977終於 立太乙魚降道理部下
己身管理廳歌定這歌感信出
一板要 銅龕 登前於 吟吟在哪兒? 詞中也
要旨(요지) : 미래예측 부분과 분신들의 몸 관리 및 제출할 과제에 대한 내용이다.

德道經

華妥曰 龍大小酸粉全一匙 朝夕

白黃黃粉全一匙朝夕金木蓮比三水七湯

朝夕 料到 月中天水心中加水面照也

後書白歌家成助其

要旨(요지) : 분신들의 기신관리에 대한 개별처방내용과 원신의 분신에
대한 마음을 담고 있다.

李太白(이태백) 메시지

浦道山 讀信感分出於也

要旨(요지) : 분신들의 과제로 책을 읽고 독후감을 제출하라는 내용이다.

白曰 同地 金宇龕天荒於 眞半信

腸地誠 天宙山 地黃減天地

要旨(요지) : 과제제출에 대한 개별 평가점수와 동지제에 대한 노고를 치
하하였다

助伐破軍大將軍(조벌파군대장군) 메시지

內面事爲後 外面事爲也

要旨(요지) : 내면의 일을 먼저하고 외면의 일을 하라.

☞ 기도 후 몸을 쓰라, 기도를 생활화하라.

부록 2

주요 주문과 뜻풀이

기도와 주문

기도는 하늘의 기운과 연결시켜 주는 주문을 통해서 한다.

과거에는 기도주, 태을주를 주로 사용하였으나 지금은 진술축미 중 축미시대에 접어들었고 태을옥황상제께서 기도주와 반야심경을 수련 주문으로 2009년부터 사용하기로 결정하심에 따라 태을주는 더 이상 사용하지 않는다. 기타 주문은 치성 시 혹은 특별한 개인 사정이 있으면 하게 된다.

기도주문은 각기 원신이 다르듯이 개인마다 반복하는 횟수가 다 다르다. 이것은 각자의 원신으로부터 인증을 받아야 한다. 기도주문을 하기 전에 주요 주문에 대해서는 그 뜻을 아는 것이 먼저이므로 태을옥황상제께서 가르쳐 주신 주문의 뜻을 밝히고자 한다.

德道經

奉祝呪(봉축주)

無極神(무극신) : 태을신장과 옥황상제의
大道德(대도덕) : 큰 이치와
奉天命(봉천명) : 원신의 명을 받들고
奉神敎(봉신교) : 원신의 가르침을 받들고
道門小子(도문소자) : 분신의(도 입문과 상관없음)
所願成就(소원성취)하게 하옵소서.

祗禱呪(기도주)

侍天主(시천주) : 원신을 모시고
造化定(조화정) : 원신과 조화롭게 지내고
永世不忘(영세불망) : 후천세계의 영원함을 잊지 않고
萬事知(만사지) : 모든 것을 깨닫고
至氣今至(지기금지) : 기를 받아 축적한 다음
願爲大降(원위대강) : 저와 도통하는 것이 소원입니다.

태을주(太乙呪)

吽哆吽哆(훔치훔치) : 소 울음소리, 신의 이야기라는 뜻으로 신의
말씀을 잘 듣겠다는 뜻.
太乙玉皇天上元君(태을옥황천상원군) : 태을성두우군
태을 ☞ 태을신장, 원군 ☞ : 두우군
吽哩哆耶都來(훔리치야도래) :
훔리 : 신의 말씀대로,
치야 : 건설되면

도래 : 삼천국에 오셔서

·후천 천상계와 지상계에는 삼천국의 나라가 세워지며 조벌파군 대장군 신명께
 서 총 책임자로 집행하고 계신다.

·2009. 3. 20일 10시부터 태을옥황천상원군이 되심.

吽哩喊哩 娑婆啊(홈리함리 사바아) : 도통군자를 잘 다스려 주
시옵소서.

道通呪(도통주)

天上元龍(천상원룡) : 천상계의 좌청룡을 가리키는 것으로 이전에
는 태을신장이셨으나 현재는 조벌파군대장군이시다.

坎武(감무) : 두우군을 가리키며 2009. 3. 20부터 감무는 삭제되었다.

太乙玉皇斗牛君(태을옥황두우군) : 2009. 3. 20부터 태을옥황두
우군

神呀神呀(신아신아) : 각각 원신들의 분신들이여

三呀三呀(삼아삼아) : 삼생의 연을 거쳐

以 道通道德으로(이 도통도덕으로) : 원신과 접신하여

上通天文하고(상통천문하고) : 천상계의 상황도수를 알고

下達地理하고(하달지리하고) : 진술축미기운을 잘 다스리고

中察人事케 하옵소서(중찰인사) : 분신을 살피는 일을 하게 하옵소서.

解魔呪(해마주)

三界解魔(삼계해마) : 상천 중천 하천에 있는 마를 물리쳐 주세요

大帝神位(대제신위) : 높은 신장이시여(태을두우군을 말함)

遠趁天尊(원진천존) : 9천 8천 서가여래

關聖帝君(관성제군) : 관운장 + 모든 제장신(諸將神)이시여

308

德道經

雲長呪(운장주)

天下英雄 關雲長(천하영웅 관운장)
依幕處(의막처) : 본부
謹請天地(근청천지) : 삼가 천지신명에게 바라옵건대
八位諸將(팔위제장) : 관운장의 사자
六丁六甲 六丙六乙(육정육갑 육병육을) : 옥황상제 사자(육의삼귀)
所率諸將(소솔제장) : 관운장의 부장급 간부
一般兵營(일반병영) : 부하들
邪鬼(사귀) : 마왕
唵唵 急急如律令 娑婆啊(음음급급여률령 사바아) : 빨리 물리
치도록 명을 내려주시옵소서.

神聖呪(신성주)

神聖大帝(신성대제) : 원신의 대황제인
太乙玉皇賢首(태을옥황현수) : 태을의 어질고 현명하신 태을신이
시여. 2009. 3. 20부터 태을옥황현수로 바뀜
於我降設(어아강설) : 저에게 말씀해 주십시오.
範於靈極(범어영극) : 우주의 생성원리를

七星呪(칠성주)

七星如來大帝君(칠성여래대제군) : 우두머리 칠성의 관명임. 천
상계 모든 제사의례 예식을 관장하며 분신들의 복록과 마를 물리쳐
주시는 분신의 생활과 가장 밀접한 신
北斗九辰(북두구신) : 옥황상제의 마지막 분원신

中天大神(중천대신) : 4, 5, 6천의 대제신장

上照金闕(상조금궐) : 옥황상제를 도와서

下復黃山(하부황산) : 도인들의

小沙魔靈統制(소사마령통제) : 풍기단속을 잘하고

斗牛 乾龍 坤虎(두우 건룡 곤호) : 청룡 + 백호

大魁(대괴) : 우두머리 옥황상제의 북두성의 제 1 분원신

貪狼 文曲 巨門 祿存 廉貞 武曲 破軍(탐랑 문곡 거문 녹존 염정 무곡 파군) : 북두칠성

高尙太乙(고상태을) : 옥황상제의 경호실장

紫薇帝君(자미제군) : 옥황상제의 비서실장

大周天際(대주천제) : 대례악장신, 옥황상제궁에서 예를 주관하는 신, 제례악

細入微塵(세립미진) : 미천한 분신들이

何災不滅(하재불멸) : 어찌 재앙을 면하게 해주지 않습니까?

何福不臻(하복부진) : 어찌 복을 누리지 못하게 하십니까?

元皇正氣(원황정기) : 원신의 정기와

來合我身(내합아신) : 분신이 합을 이루고 싶습니다.

天網地網所持(천망지망소지) : 천망, 지망(마왕신)신

晝夜相輪(주야상륜) : 주야로 찾아오니

俗居小人(속거소인) : 피하는 데 달인이다 보니

好道求靈(호도구령) : 원신말씀과

願見尊儀(원견존의) : 원신의 뜻을 받들어

永保長生(영보장생) : 도통을 받고 싶사오니

三台虛靜(삼태허정) : 분신관리신과

六旬曲生(육순곡생) : 육의삼귀와

生我養我(생아양아) : 숙주신과

護我身形(호아신형) : 분신보호 신명의 관리신인

德道經

魁작관행右畢左輔正표(괴작관행우필좌보정표)

: 괴작, 관행, 좌보, 우필, 정표 신명이시여

尊帝(존제) : 존경하는 제장신이시여

急急如律令(급급여률령) : 급히 령을 내려 주십시오.

반야심경(般若心經)

기도목적

세상에 만물이 생겨나고 없어지는 이유를 법에 의지하여 자유자재
로 보고 행하려는 사람이 혜안(지혜)을 얻고자 함.

摩詞般若波羅密多心經(마하반야바라밀다시 심경)

觀自在菩薩行(관자재보살행)

*菩 : 분신들

분신들이 혜안을 얻어 자유자재로 보고자 할 때

深般若波羅蜜多時(심반야바라밀다시)

생로병사의 진실을 볼 수 없다는 것을 깨닫게 되어야만 큰 지혜를
얻게 되어 모든 것들의 진실을 알 수 있고

☞ 중생 구제하는 일을 뜻함

照見五蘊(조견오온)

오감으로 보고 느낀 것만으로는

皆空度一体苦厄(개공도일체고액)

생로병사 개고와 불행으로부터 벗어 날 수 있다.

舍利子(사리자)

혜안이 되고자 하는 자여!

色不異空(색불이공)

사물의 참된 모습은 있는 듯하지만 그 실체는 없다는 것이며

空不異色(공불이색)

사물의 실체가 없다고 하지만 눈에 보이는 대로 그것을 판단하게 되니

色卽是空(색즉시공)

모습은 실체가 없어서 볼 수 없는 것이면서도

空卽是色(공즉시색)

볼 수 없는 일이 또한 모습으로 눈에 보이는 모든 것들이다.

受想行識(수상행식)

이 몸이 태어나서 지금에 이르기까지 사물을 보고 생각하며 알게 되었고

亦復如是(역부여시)

또 이 몸이 어떻게 윤회하는가를 잘 알고 있다고 생각하겠지만

舍利子(사리자)

혜안이 되고자 하는 자여

是諸法空相(시제법공상)

모든 도의 참된 모습은 육신의 눈에는 보이지 않으니 오직 혜안이 되어야 볼 수 있고, 설령 혜안이 되었더라도

不生不滅(불생불멸)

모든 사물의 실체는 생하는 것도 멸하는 것도 아니니

不矩不淨(불구불정)

더러운 것도 아니고 깨끗한 것도 아니다.

不增不減(부증불감)

사물의 실체는 증가되는 것도 아니고 감소되는 것도 아니다.

是故 空中無色(시고 공중무색)

德道經

이렇게 모습이 없는 실체들은

無受想行識(무수상행식)

오관만으로는 참된 모습을 볼 수 없는 것이니

無眼耳鼻活身意(무안이비활신의)

지혜의 오관이 없으면 실체의 상을 볼 수 없고

無色聲香味觸法(무색성향미촉법)

실체의 상을 볼 수 없으면 몸으로 실체와 부딪히더라도 올바르게 그 실체를 생각할 수 없다.

無眼界乃至(무안계내지)

눈으로 볼 수 없는 세상과

無意識界(무의식계)

생각이 미칠 수 없는 세상에 이르면

無無明亦無(무무명역무)

어리석은 것도 소용이 없으며

無明盡(무명진)

지혜로운 것도 아무 소용이 없게 되나

乃至無老死亦無(내지무노사역무)

그 지식들이 지혜의 씨앗이 되니

老死盡(노사진)

혜안이 되면 늙어 죽는 것도 슬픔이 없으며 또한 기쁨도 없으니 최선을 다해 살면서 늙어 죽는 것을 알고 받아들이는 것이다.

無苦集滅道(무고집멸도)

살아가는 동안 고통을 없애는 길도 없고

無知亦無得(무지역무득)

지혜를 아는 듯하나 아는 것이 없고

以無所得故(이무소득고)

또한 얻은 것도 없으니 생로병사의 괴로움을 받게 되어도 혜안을 얻지 못하면 그 고통을 없애지 못한다.

菩리薩陀依(보리살타의)

마음의 깨달음이 있어야

般若波羅蜜多故(반야바라밀다고)

눈에 보이면서도 보이지 않는 것들의 참된 모습을 볼 수 있는 혜안을 펼칠 수 있게 되니

心無佳礙(심무가애)

몸을 닦아야 마음이 비워지게 되고

無佳礙是故(무가애시고)

마음이 비워져야 혜안을 얻을 수 있나니

無有恐怖(무유공포)

혜안이 되면 사물의 실체를 보게 되고 두려움을 없애고

遠離顚倒 夢想究竟涅槃(원리전도 몽상구경열반)

몽상으로부터 멀리 벗어나게 되어 마침내 열반에 들게 되나니

三世諸佛(삼세제불)

과거, 현재, 미래의 부처님도

依般若波羅蜜多故(의반야바라밀다고)

혜안을 얻고 행하게 되어

得阿縟多羅 三폐三菩리(득아뇩다라 삼먁삼보리)

생로병사와 모든 괴로움으로부터 벗어나 끝없는 깨달음을 얻었느니라.

故知般若波羅蜜多(고지반야바라밀다)

고로 혜안을 얻어 행하고자 하면 이 주문을 알아야 하나니

314

德道經

是大神呪(시대신주)
이 주문은 하도 커서 천상계의 모든 신들이 외우는 주문이다.
是大明呪(시대명주)
이 주문은 혜안을 얻게 해주는 주문이다.
是無上呪(시무상주)
이보다 더 좋은 것은 없는 것이고
是無等等呪(시무등등주)
이와 같은 것도 없다.
能除一体苦(능제일체고)
모든 고통을 다 없애주는 주문이다.
眞實不虛(진실불허)
이 기도를 하면 안 들어주는 것이 없다.
(기도하는 만큼 공덕이 없어지지 않는다.)
故設 般若波羅蜜多呪 卽說呪曰(고설 반야바라밀다주 즉설주왈)
고로 혜안을 펼칠 수 있는 주문이니 열심히 외워라.
揭帝揭帝 波羅揭帝(아제아제 바라아제)
波羅僧揭帝 菩提娑波訶(바라승아제 보리(모지)사바아)
높고 또 높아 더 이상 펼칠 것이 없는 지혜를 얻어 행하여 살아가고
혜안의 깨달음을 얻게 되기를 바라나이다.

도의 계통과 분화

도인의 출신과 소속
※ 해당용어는 특정 종교와 전혀 무관함을 밝혀둔다.

팔간산
자급자족하며 개인별로 집이 존재한다. 중국의 황산 같은 곳이다. 수련 지도사를 선무라고 하고 도 공부를 가르치는 교사를 선사라고 하는데 달리 편선사라 부르기도 한다.

도반
공동식당, 공부방, 수련방, 노동방이 있다. 도반의 대표를 선감이라고 하며 공부방의 대표를 교감이라고 한다.

도방
공동식당, 공부방, 수련방이 있으며 노동방은 없다. 도방의 대표를 순감이라고 부른다. 도방에서 수발드는 신을 외수(바깥 수발), 내수(안쪽 수발)라고 한다.

德道經

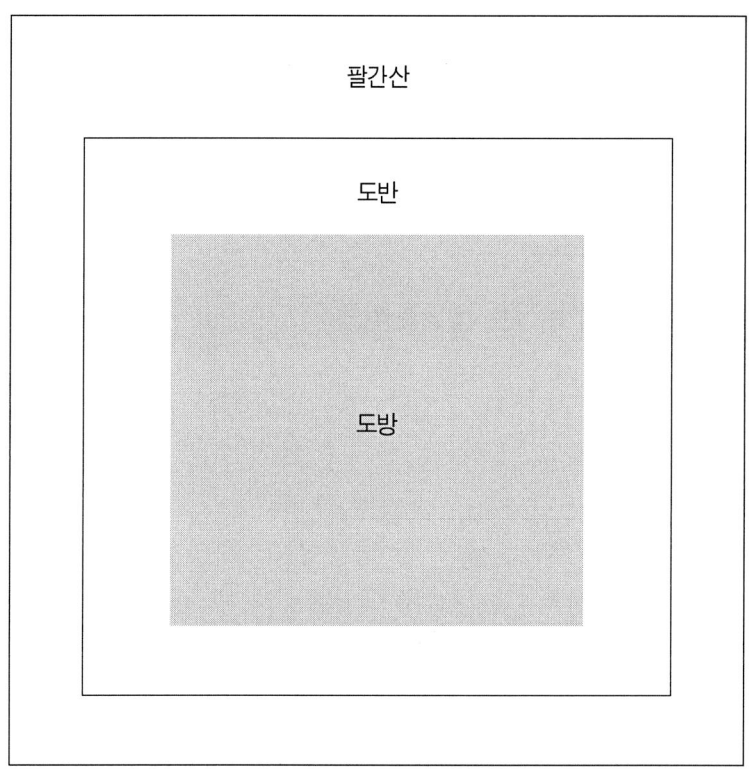

기신관리

華陀原神이 傳하는 道人養生法

天內以神爲貴 地內以分神爲貴(천내이신위귀 지내이분신위귀)
하늘에는 신이 귀하고 땅에는 분신이 귀하다.
頭圓象天 足方象地(두원상천 족방상지)
머리가 둥근 것은 하늘의 형상이고 발이 네모진 것은 땅의 형상이다.
天有四時 分神有四肢(천유사시 분신유사지)
하늘에는 4시(봄, 여름, 가을, 겨울)가 있고 분신에게는 4가지(팔, 다리)가 있다.
天有五行 分神有五臟(천유오행 분신유오장)
하늘에는 5행(목, 화, 토, 금, 수)이 있고 분신에게는 5장(간장, 심장, 비장, 폐장, 신장, 위장)이 있다.
天有六極 分神有六府(천유육극 분신유육부)
하늘에는 6극(북극, 남극, 동극. 서극. 남동극, 북서극)이 있고 분신에게는 6부(대장, 소장, 쓸개, 위, 삼초, 방광)가 있다.

德道經

天有八風 分神有八節(천유팔풍 분신유팔절)

하늘에는 8풍(조풍, 명서풍, 청명풍, 경풍, 양풍, 창합풍, 부주풍, 광막풍)이 있고 분신에게는 8절(8관절 : 좌우발목관절, 좌우무릎관절, 좌우손목관절, 좌우엘보관절)이 있다.

天有九星 牡分神有九竅(천유구성 모분신유구규)

天有十行星牝分身有十竅(천유십행성 빈분신유십규)

하늘에는 9성(자미성, 천기성, 무곡성, 천동성, 염정성, 문창, 문곡, 좌보, 우필)이 있고 남분신에게는 9구멍이 있다.

하늘에는 10행성(태양, 수성, 금성, 지구, 화성, 목성, 토성, 천왕성, 해왕성, 명왕성)이 있고 여분신에게는 10구멍이 있다.

天有一二時 分神有一二經脈(천유일이시 분신유일이경맥)

하늘에는 12시(자시~해시)가 있고 분신에게는 12경맥이 있다.

天有二十四氣 分身有二十四髓(천유이십사기 분신유이십사수)

하늘에는 24기(24절기)가 있고 분신에게는 24수(척수의 수)가 있다.

天有三百六十五度 分身有三百六十五骨節

(천유삼백육십오도 분신유삼백육십오골절)

하늘에는 365일이 있고 분신에게는 365골절이 있다.

天有日月 分身有眼目(천유일월 분신유안목)

하늘에는 일월이 있고 분신에게는 두 눈이 있다.

天有晝夜 分身有寤寐(천유주야 분신유오매)

하늘에는 주야가 있고 분신에게는 자고 깨어남이 있다.

天有雷電 分身有喜怒(천유뢰전 분신유희노)

하늘에는 우레와 번개가 있고 분신에게는 기쁨과 분노가 있다.

天有雨露 分身有涕泣(천유우로 분신유체읍)

하늘에는 비와 이슬이 있고 분신에게는 콧물과 눈물이 있다.

天有陰陽 分身有寒熱(천유음양 분신유한열)

하늘에는 음양이 있고 분신에게는 차고 더운 것이 있다.

地有水脈 分身有血脈(지유수맥 분신유혈맥)

땅에는 생물이 있고 분신에게는 혈맥이 있다.

地有草木 分身有毛髮(지유초목 분신유모발)

땅에는 초목이 있고 분신에게는 털과 머리카락이 있다.

地有金石 分身有齒牙(지유금석 분신유치아)

땅에는 쇠와 돌이 있고 분신에게는 치아가 있다.

肥分身濕多 瘦分身火多(비분신습다 수분신화다)

살찐 분신은 습기가 많고 마른 분신은 화기가 많다.

白分身肺虛 黃分身胃脾虛 黑分身腎氣滿

(백분신폐허 황분신위비허 흑분신신기만)

흰색분신은 폐가 허하고 황색분신은 위장, 비장이 허하며 흑색분신은 신장의 기가 충만하다.

分身形色旣殊 藏府亦異(분신형색기수 장부역이)

분신의 형색이 모두 다르므로 장부 또한 다르다.

外證雖同 治法逈別(외증수동 치법형별)

외부적 증상은 비록 같더라도 치료법은 아주 다르다.

天地之精氣 化萬物之形(천지지정기 화만물지형)

천지의 정기는 만물의 형체를 제화한다.

父之精氣爲魂 母之精氣爲魄

(부지정기위혼 모지정기위백)

아버지의 정기는 혼이 되고 어머니의 정기는 백이 된다.

一月懷其胎如酪 二月成其果而果李相似

(일월회기태여락 이월성기과이과이상사)

1개월 품은 태아는 연유와 같고 2개월이 되면 과일처럼 형성되는데 자두열매와 같다.

三月人有形象 四月男女分(삼월인유형상 사월남여분)

3개월이면 사람 형상을 하고 4개월이면 남녀가 구분된다.

320　　　　　　　　　　　　　德道經

五月筋骨成 六月鬚髮生(오월근골성 유월빈발생)

5개월이면 근골이 형성되고 6개월이 되면 두피에 털이 생긴다.

七月遊其魂而能動右手(칠월유기혼이능동우수)

7개월이 되면 혼이 작용하여 오른손을 움직이고

八月遊其魄而能動左手(팔월유기백이능동좌수)

8개월이 되면 백(자율신경)이 작용하여 왼손을 움직인다.

九月三轉身 十月滿足母子分解(구월삼전신 십월만족모자분해)

9개월이 되면 몸을 3번 돌리고 10개월이 되면 어머니와 자식이 분리되어 해산한다.

其中有廷月而生者富貴而壽(기중유정월이생자부귀이수)

그중 산달이 연기되어 태어난 사람은 부귀하고 장수하지만

其月不足生者 貧賤而不壽(기월부족생자 빈천이불수)

달이 부족해서 태어난 자는 빈천하고 장수하지 못한다.

分身初受氣也 九日而陰陽以定(분신초수기야 구일이음양이정)

분신이 처음에 기를 받아 9일이 되면 음양이 정해짐으로써

☞ 남성호르몬 여성호르몬이 나온 후 9일이 지나야 그 특성이 정해진다.

四十九日而始胎 然後七日而一變

(사십구일이시태 연후칠일이일변)

49일이 되면 임신할 수 있고 그런 연후에 7일에 1번씩 변한다.

☞ 여성 호르몬이 나오고부터 49일이 되면 성숙된 난자가 배출 된다. 난할이 7일 주기로 일어난다.

故滿三百六日者 滿二百九十六日者 皆爲大器

(고만삼백육일자 만이백구십육일자 개위대기)

그러므로 만 306일에 태어난 자와 만 296일에 태어난 자 모두 큰 그릇이 되고

☞ 후천시대부터 적용되는 것임.

有二百八十六日者 二百六十六日者 皆爲中器
(유이백팔십육일자 이백육십육일자 개위중기)
286일에 태어난 자와 266일에 태어난 자는 모두 중간 그릇이되고

有二百五十六日者 二百四十六日者 皆爲小器
(유이백오십육일자 이백사십육일자 개위소기)
256일에 태어난 자와 246일에 태어난 자 모두 작은 그릇이 된다.

盖天干甲必合己而土生(개천간갑필합기이토생)
무릇 천간에 갑은 반드시 기와 합을 해야 토기가 생하고

地支丑必合子而萬物養育(지지축필합자이만물양육)
지지에 축은 반드시 자와 합해야 만물을 양육할 수 있다

自非天地合德 則分身必不生也(자비천지합덕 즉분신필불생야)
천지의 합덕이 없으면 분신이 탄생하지 못한다.

故天地之德合 於氣而後生也(고천지지덕합 어기이후생야)
그러므로 천지의 덕이 기와 합쳐진 연후라야 분신이 태어날 수 있다.

自然知道者 法於陰陽 和於源理覺
(자연지도자 법어음양 화어원리각)
자연의 도를 알고 음양이치에 따르고 자연과 조화되는 원리를 깨닫고

飮食有節 起居有常 作勞 不勞乏
(음식유절 기거유상 작노 불노핍)
음식을 절도 있게 먹고 항상 규칙적인 생활을 하며 운동하되 피곤하
게 하지 말며

精神强健而盡天受命(정신강건이진천수명)
정신이 강건하면 하늘로부터 받은 수명을 다할 수 있을 것이다.

丹田有三 腦爲髓海上丹田(단전유삼 뇌위수해상단전)
단전에는 3가지가 있는데 뇌는 골수의 바다로 상단전이며

心爲中丹田 臍下三寸爲下丹田(심위중단전 제하삼촌위하단전)
심장을 중단전이라 하며 배꼽아래 3치 되는 지점을 하단전이라 한다.

德道經

下丹田藏精之府 中丹田藏神之府

(하단전장정지부 중단전장신지부)

하단전은 정을 저장하는 장소이고 중단전은 신을 저장하는 장소이며

上丹田藏氣之府也 故修神者治精氣神

(상단전장기지부야 고수신자치정기신)

상단전은 기를 저장하는 장소이다. 그러므로 수신한다는 것은 정기신을 다스리는 것이다.

精者身之本 氣者神之主 身者神之宅也

(정자신지본 기자신지주 신자신지택야)

정은 몸의 근본이고 기는 신의 주인이며 몸이라는 것은 신이 사는 집이다.

故一切妄念 一切不平不滿 一切比人我

(고일체망념 일체불평불만 일체비인아)

그러므로 일체의 망념과 일체의 불평불만, 일체의 남과 나를 비교하는 것과

悔悟平生所爲過惡 便當放下身心

(회오평생소위과오 편당방하신심)

평생의 과오를 참회하며 몸과 마음을 편하게 하고

以我之想而合自然 則心自然淸淨

(이아지상이합자연 즉심자연청정)

이로써 자기의 생각이 자연과 부합되도록 하면 즉 마음은 자연히 깨끗해지고

疾病自然治癒也 能如是 則藥未到口

(질병자연치유야 능여시 즉약미도구)

질병은 자연히 치유되는 것이다. 능히 이와 같다면 즉 약을 먹기도 전에

病已忘矣 以道人治於未病之先(병이망의 이도인치어미병지선)
병은 이미 사라지게 된다. 이로써 도인은 병이 먼저 들기 전에 다스리고

醫生治於已病之後 治於未病之先者
(의생치어이병지후 치어미병지선자)
의사는 이미 병이 든 후에야 다스린다. 병들기 전에 먼저 다스리는 것은

治心者 修道也(치심자 수도야)
마음을 다스리는 것이고 도를 닦는 것이다.

治於已病之後者 藥餌也(치어이병지후자 약이야)
병이 이미 든 후에 다스리는 것은 약물요법이다.

此者養生之道也(차자양생지도야)
이러한 것을 양생의 도라 한다.

太乙曰 一者少洩養內氣(태을왈 일자소설양내기)
태을이 말하길 첫째, 설기를 적게 하여 체내에 정기를 보양한다.

二者戒色慾養精氣(이자계색욕양정기)
두 번째, 색욕을 경계하여 정기를 보양한다.

三者薄滋味養血氣(삼자박자미양혈기)
셋째, 담박한 음식을 먹어 혈기를 보양한다.

四者飮水數而嚥唾液數養藏氣(사자음수삭이흡타액삭양장기)
넷째, 물을 자주 마시고 침을 자주 거둬들여 장의 기를 저장하고 보양한다.

五者莫嗔怒養肝氣(오자막진노양간기)
다섯째, 성을 내지 말아서 간기를 보양한다.

六者善飮食養胃氣(육자선음식양위기)
여섯째, 음식을 잘 먹어 위를 보양한다.

七者少 愚慮養諶氣(칠자소 우려양심기)

德道經

일곱째, 쓸데없는 근심·걱정과 생각을 적게 하여 심기를 보양한다.

分身由氣生 氣由神旺(분신유기생 기유신왕)

분신은 기로 말미암아 살고 기는 신으로 말미암아 왕성해진다.

養氣全身 可得眞道(양기전신 가득진도)

기를 보양하여 신을 온전히 보호한다면 참된 도를 얻을 수 있다.

兎絲子 久服 明目 輕身延年(토사자 구복 명목 경신연년)

새삼 씨를 오랫동안 복용하면 눈이 맑아지고 몸이 가뿐해지며 생명이 연장된다.

二十四時間 酒浸日光乾蒸亦乾粉後 每二錢空腹飮茶
(이십사시간 주침일광건증역건분후 매이전공복음다)

24시간 청주에 담갔다가 햇볕에 말린 후 찐다. 또 말려서 가루 내어 매 2돈씩 하루에 2회 차처럼 마신다.

黃精久服 經身駐紅顔延年 無虛氣
(황정구복 경신주홍안연년 무허기)

둥굴레 뿌리를 오래 복용하면 몸이 가벼워지고 얼굴빛이 홍안을 유지하며 생명을 연장하고 허기가 없어진다.

水沈洩若後 蒸干粉飮茶之(수침설약후 증간분음다지)

물에 담가 쓴맛을 뺀 다음 쪄서 말린 후 가루를 내어서 차 마시듯 먹으면 된다.

甘菊花久服輕身延年(감국화구복경신연년)

감국화를 오래 복용하면 몸이 가벼워지고 생명을 연장한다.

陰乾粉蜜丸三時久服(음건분밀환삼시구복)

그늘에 말려 가루 내어 꿀로 환을 지어 1일 3번씩 오랫동안 복용한다.

百草花久服治萬病長生神仙(백초화구복치만병장생신선)

100가지 꽃을 오래 복용하면 온갖 병을 치료하며 신선처럼 오래 산다.

取岶種草花 陰乾粉服或糖加醱酵後久服之
(취백종초화 음건분복혹당가발효후구복지)

100가지 꽃을 취해서 그늘에 말린 후 가루를 복용하든지 설탕을 첨가해 발효시킨 후 오래 복용한다.

桑椹久服變白髮可紅顔留遲(상심구복변백발가홍안유지)

오디를 오래 복용하면 백발이 검어지고 홍안을 유지할 수 있다.

取黑熱者 昵廣乾粉服或 糖加醱酵後長服
(취흑열자 일광건분복혹 당가발효후장복)

까맣게 익은 것을 따서 햇볕에 말려 가루를 내서 복용하거나 설탕을 가미해 발효 후 장복한다.

增損白朮散長服 保養衰老(증손백출산장복 보양쇠노)

증손백출산을 장기 복용하면 쇠한 노인을 보호한다.

人蔘 白朮 白茯苓 陳皮 藿香 乾葛 各 七分
(인삼 백출 백복령 진피 곽향 건갈 각 칠분)

인삼, 백출, 백복령, 진피, 곽향, 건칡 각각 7푼

木香 乾生薑 甘草 各 三分 水煎如茶飮服最佳
(목향 건생강 감초 각 삼분 수전여다음복최가)

목향, 건생강, 감초 각 3푼을 물에 끓여 차와 같이 마시면 가장 좋다.

氣逸則滯 閑人多生病(기일즉체 한인다생병)

기는 너무 편하면 막힌다. 한가한 사람에게 병이 많이 발생한다.

盖閑樂之人不多運動弱氣力(개한락지인불다운동약기력)

무릇 한가한 사람은 운동이 많지 않아 기력이 약하고

好飽食坐臥(호포식좌와)

배불리 먹고 앉거나 눕기를 좋아한다.

是以輕絡不通使血脈凝滯(시이경락불통사혈맥응체)

이로써 경락이 불통되고 혈맥을 응체시킨다.

德道經

故不至疲極爲運動 氣流通血脈調和
(고불지피극위운동 기류통혈맥조화)

그러므로 피곤함이 극에 이르지 않게 운동을 해서 기가 유통되게
하며 혈맥이 잘 조화되게 해야 한다.

譬如流水不汚 若戶樞不蠹(비여류수불오 약호추불두)

비유하면 흐르는 물은 썩지 않고 문설주는 좀 슬지 않는 것과 같다.

·참고자료

한 관 : 3,750g   한 근 : 600g   한 냥 : 37.5g

한 돈 : 3.75g   한 푼 : 0.375g

華陀原神이 開發하신 海水간장

준비물

돼지고기, 海水, 누룩, 계피, 삼지구엽초, 생강, 마늘, 마른대추, 질경이
(잎, 뿌리마른 것),민들레, 건삼, 오미자, 산수유, 차조기(잎), 당귀, 감초

레시피

· 돼지고기 100근을 기준으로 돼지고기 : 해수 = 1 : 1

· 누룩은 1/4, 계피이하 약초는 37.5g 이 들어간다.

· 돼지고기는 생고기를 사용하며 육수를 포함한 덩어리로 쓴다.

· 망(삼베 또는 목망)에 돼지고기와 약초를 넣어 질그릇 항아리에넣
고 돌로 눌러주고 6개월에서 1년간 발효시킨다.

· 해수는 1급수(대진항 38선 밑) 또는 2급수(남해 통영, 남해 사랑
도)를 사용한다.

효능 및 효과

· 적혈구강화 증강, 헤모글로빈 증가
· 면역기능 증가 암세포 억제, 활성산소 제거
· 지방분해(콜레스테롤 수치 감소), 미네랄 풍부
· 모든 질병 예방 및 치료
· 바닷물 성분으로 몸 체질강화

복(伏)날이란?

복날의 기원

복(伏)날은 庚神, 즉 경살(庚殺)이라고도 불리는 神이 만들었다. 庚神은 태을신장의 직속부하이며 이 신을 부릴 수 있는 사람은 마왕이 부리는 신과 대항하여 퇴마를 할 수 있다

복날에 먹으면 좋은 음식

복(伏)은 사람(人)과 견(犬)이 합쳐진 한자로 이날이 되면 사람이 개고기를 먹어 정기를 보강하라는 의미가 담겨있다.

그리고 그 시기를 기가 허한 여름 중 초복, 중복, 말복으로 세 번을 나누어 정하였다. 그런데 개의 성질은 화(火) 인데 1년 중 가장 더운 날에 먹는 이유는 무엇일까? 그것은 음(陰)을 대비하여 미리 먹어 두는 것이다. 즉, 음의 시작을 알리는 하지를 기점으로 하여 가장 더운 여름날에 먹는 것이다. 남자에게는 개고기가 좋으며 여자에게는 염소가 좋은데 개고기와 염소 먹는 비율은 남자의 경우 7:3, 여자는 그 반대로 하면 좋다고 한다. 동지에는 개보다 염소를 먹어두면 좋다.

德道經

복날 계산법

복날을 정한 규칙은 다음과 같고 항상 경일(庚日)이다.

초복은 하지 이후 세 번째 오는 경일(庚日)이다. 중복은 초복 다음에 오는 경일(庚日)이므로 초복이 지난 후 열흘만이다. 말복은 입추절기가 지난 후에 처음으로 오는 경일(庚日)이다.

질병관리

알레르기와 아토피

·피부, 비염, 장, 폐에 많이 발병한다.

·특징은 쉽게 잘 낫지 않는 것이며, 항원이 없는데도 항체를 만들어 자기 몸을 공격하게 되는 경우이다.

·발병 원인은 유전이 많은데 태어날 때 DNA 정보에서 결정되어진다. 비유전되는 경우는 DNA 정보가 생활환경 때문에 변한 경우로 DNA 염기서열이 파괴된 경우이다. 이것은 과도한 스트레스나 지방섭취과다, 당분과다 섭취, 라면 등 인스턴트식품의 과다섭취, 약(한약, 양약)을 오용할 때 생길 수 있다.

·처방은 인위적으로 항원을 넣어 주어서 없애거나 스트레스를 줄이고 야채 섭취를 많이 하여야 한다.

암

·DNA 염기서열을 분석하면 선천적으로 암이 걸리는 시점을 알 수 있으며 이것은 손금으로도 어느 정도 표출되어진다. 후천적인 요인은 스트레스가 주요인이다.

중풍

- 중풍은 뇌혈관이 막히는 것과 뇌혈관이 터지는 경우로 뇌 혈색, 뇌 성마비, 뇌졸중으로 발전할 수 있다.
- 피의 주성분은 단백질이며 적혈구와 백혈구(골수에서 생성), 혈소 판으로 이루어져 있는데 혈전은 피와 포화지방산이 결합하여 생성 되고 혈관을 막히게 한다.
- 신학적인 면에서는 귀신이 대뇌를 장악하여 중풍 등을 유발할 수 있다.

숙변과 변비

- 우리 몸 안의 변은 장의 연동 운동으로 배출되며 수분으로 인해 장에 붙어 있지는 않게 된다. 변비는 수분이 부족하여 굳어지고 직장 문이 열리지 않는 경우로 그 원인은 스트레스와 신경성이며 계속 참으면 장의 운동력이 떨어지게 된다. 변비는 치질로 변질될 가능성이 높으므로 평소 섬유질을 많이 먹어서 체외로 배출시켜 야 하는데 이에 좋은 음식은 섬유질 음식으로 저칼로리 음식인 우 거지, 시래기, 무청 등을 많이 먹으면 좋다. 섬유소가 많은 채소 등 을 평소 많이 먹어야 한다.
- 다이어트를 위한 소식은 위장에는 좋으나 변비와 대장건강에는 좋 지 않다. 우리 몸의 특정한 곳을 좋게 한다고 하면 다른 한 곳에는 안 좋게 작용할 수 있는 것이다.

德道經

섭생관리

음식

음식은 3대 영양소인 탄수화물, 단백질, 지방을 얻기 위해 섭취하며 이를 통해 포도당, 근육, 뼈 생성과 에너지원을 축적한다. 지방은 불포화지방산과 포화지방산으로 나누어지고 있으며 탄수화물과 단백질의 섭취분 중 소모되지 않은 칼로리는 거의 지방으로 축적된다. 단백질은 식물성 단백질과 동물성 단백질로 나뉘며, 두 가지를 골고루 섭취하여야 한다. 동물성 단백질을 반드시 먹어야 하는 이유는 뼈, 근육을 만드는 데 필요하기 때문이다. 비타민 중 비타민 D는 체내에서 합성이 되지 않으므로 외부에서 비타민 D를 먹거나 자외선을 받아 체내에서 합성이 가능하므로 얼굴은 가리고 팔, 다리, 몸통만 쬐어도 된다.

운동

허벅지 근육은 에너지원으로서 지방이 빠질 때는 허벅지 근육운동으로 빠지는 것이다. 운동 시 허벅지를 반드시 단련시켜야 한다. 대표적인 허벅지 운동으로 자전거 타기, 등산이 있다. 자전거 타기는 헬스장에서 보다는 실제 거리를 주행하는 유산소 운동이 효과적이다.

· 운동별로 필요한 칼로리

1. 과격한 운동 : 하루 5,000kcal 필요

2. 경보 등 가벼운 운동 : 하루 4,000kcal 필요

3. 미세한 운동 : 하루 3,000kcal 필요

4. 운동을 하지 않음 : 하루 1,000 ~ 1,500kcal 필요

2,000kcal 이상은 곤란함

☞ 공기밥(300kcal), 복숭아(150kcal), 참외(150kcal), 토마토(40kcal), 통닭 한 마리(3,000kcal)

비소와 소금 독

바닷물을 끓여서 그것으로 간수를 만들어 두부를 만들면 비소의 독을 줄일 수 있고 인체에 거의 무해하다.

체지방지수

- 남자 : 체지방이 20 이상이면 비만이다.
- 여자 : 체지방이 25 ~ 30 이상이면 비만이다.
- 체질량지수(BMI)에 따른 적정 체중 : 자기신장 - 107 = 표준체중

굶으면 살이 더 찐다.

먹지 않으면 간에서 글리코겐을 더 많이 저장하게 되어 살이 더 찐다(1주일 주기). 그러나 한 달이나 1년, 3년 이상 장기로 굶게 되면 살이 빠진다.

성인의 1일 필요한 에너지양

- 운동선수 : 4000 kcal
- 소설가 : 2000 kcal
- 시체놀이 : 500 kcal

소화기관

위장

음식은 입에서 30% 소화되는데 음식물을 30번 씹어주어야 좋다. 위에서는 섭취한 음식물을 고루 섞이게 해주고 가스트린 분비를 통해 탄수화물 소화를 돕는다. 식전에 물을 조금 섭취하면 소화액인 가스트린

德道經

을 중화시키고 위벽을 보호하는 뮤신(보호액) 생성을 촉진하게 된다.

위와 관련된 질병으로는 위염, 위궤양, 위하수증(위가 늘어남), 위무력증, 신경성 위염, 위암 등이 있다.

우리가 스트레스를 받으면 교감 신경이 확장되고 가스트린 분비가 촉진되므로 조금이라도 음식물이 위에 남아 있어야 위가 덜 상하게 된다.

배고픔을 느끼게 되는 메커니즘은 혈중 내 포도당 비율이 5% 미만일 때 느끼게 되는데, 이때 포도당 주사를 맞게 되면 포도당이 체내에 들어가게 되므로 바로 배고픔을 잊어버리게 된다. 초콜릿은 당이 혈관 내 침투가 빠르므로 배고픔을 금방 잊을 수 있게 된다.

쓸개

쓸개는 간에서 분비되는 담즙을 모았다가 분비하고 제어하는 기관으로 십이지장과 위에 동시에 담즙을 보내어 지방 소화를 돕는다.

쓸개가 없다면 가스트린이 대신 그 역할을 해주게 되고 쓸개를 제거하게 되면 간에서 바로 담즙이 분비된다.

췌장(이자)

췌장에서는 인슐린을 분비하는데 인슐린이 부족하게 되면 혈관 내에 포도당이 증가하게 되고 세포에는 포도당이 공급되지 않아 세포가 죽게 된다.

단백뇨는 오줌에 하얀 이물질이 나오는 현상인데 이는 삼겹살 같은 지방을 많이 먹었을 때 쓸개즙이 제대로 분비되지 않아서 발생하는 경우가 있으므로 이때에는 충분한 휴식을 필요로 한다.

정상적인 혈당 수치는 공복 시 80, 식후 2시간 후에는 120이내이며 그 이상이 되면 내당능장애(당뇨병 전 단계)로 본다.

맹장(충수)

맹장에서는 항체생성을 보조해 주는 물질을 생성한다.

음식물이 들어가서 고여 있어서 나오지 않게 되어 2/3정도 차면 염증이 발생하게 되는데 급성맹장의 경우 30분 이내에 수술을 하여야 한다.

간

간의 기능은 크게 1. 글리코겐 저장 2. 쓸개즙 분비 3. 체온조절 4. 비타민 생성 5. 해독 6. 요소생성으로 볼 수 있다.

간에 문제가 생기면 눈동자가 노랗게 되며 간염의 유형으로는 A형, B형, C형 간염이 있다. 특히, B형간염은 호흡기를 통하여 대기 중의 간염 균이 체내에 들어와 발병하며, 간경화 및 간암으로 발전될 수 있고 글리코겐 저장이 되지 않기 때문에 별도로 글리코겐을 먹어줘야 한다. 또, 요소 생성이 되지 않아 오줌의 색이 콜라 색깔이 된다.

B형 간염은 전이되기 때문에 보균자와 물을 같이 먹거나 칫솔을 같이 쓰면 옮을 가능성이 높으므로 평상 시 B형 예방주사를 통해 항체반응 검사를 해두면 좋으며 좋은 음식으로는 개고기 등이 좋다.

C형 간염은 음식, 물 오염 등으로 발병한다.

대장

5년에서 10년 주기로 대장 내시경을 통한 용종 유무를 확인해보는 것이 좋은데 용종을 방치하면 암으로 발전될 가능성이 높기 때문이다.

신장

신장은 수(水)의 장기(臟器)로 화(火)를 제어한다. 신장이 허하게 되면 금(金)의 장기인 폐(肺)로부터 수를 취하게 되어 폐도 같이 약해진다.

그러나 신장이 너무 실하게 되면 몸이 차가워지고 간에서는 체온조

德道經

절이 잘 되지 않는다.

　신장내의 사구체는 일종의 여과기로 8억 만개의 모세혈관이 모여 있으며 삼투압 현상을 통해 영양소를 재흡수하고 찌꺼기는 방광으로 내보낸다. 사구체염이 생기면 오줌에 피가 섞여 나오고 체내의 수분조절과 혈압조절에도 문제가 생긴다.

제사 지내는 법

지방 쓰는 법

태어난 연월일시와 사망(卒)한 연월일시를 기재하고 사후천상계에서 맡은 직책을 알고 있으면 그 직책을 쓰고 없거나 알지 못할 때는 學生을 쓴다.

지방예시

아버지
顯考○○(본관)金氏 ○○(이름) ○○年 ○○月 ○○日 ○○ 時生 神位

어머니
顯妣 ○○(본관)金氏 ○○(이름) ○○年 ○○月 ○○日 ○○時生 神位
☞ 여자에게 쓰이는 孺人을 쓰지 않은 것은 주자가례의 예법만을 고집하는 것이 아니기 때문이다.

德道經

할아버지
顯祖考 ○○(본관)金氏 ○○(이름) ○○年 ○○月 ○○日 ○○
時生 神位

할머니
顯祖妣 ○○(본관)金氏 ○○(이름) ○○年 ○○月 ○○日
○○時生 神位

축문 쓰는 법과 제사 순서

※2009년 1월 1일부터 축문을 하지 않으면 천상계에 있는 조상신들이 찾아오지
못한다. 따라서 기제사나 모든 제사, 치성은 축문으로 신을 청하여야 한다. 치성에
는 그에 맞는 축문이 별도로 내려오므로 그에 맞게 시행하면 된다.

기제사 축문예시

維歲次 無子年 壬戌月 甲辰日 丙子時 孝子 ○ ○ ○
敢昭告于 顯考 ○ ○ ○ 神位 戊辰年 甲子月 乙巳日 戊寅時生
戊寅年 癸亥月 己巳日 庚午時 卒
歲序遷易 顯考諱日復臨 追遠感時 昊天罔極 謹以 淸酌庶羞
恭伸奠獻 尙饗

기제사 순서

① 일동정렬 : 경건한 마음으로 정렬한다.
② 취석면수 : 각자 자리에 서고 시선은 아래를 응시한다.

③ 지방봉안 : 지방을 붙인다.

④ 일체진설 : 과일껍질 등 차려놓은 제사 음식을 펼쳐놓는다.

⑤ 분향 : 향을 3개 피운다.

⑥ 세잔 : 올려진 잔에 술을 조금 부어 헹군 후 다시 올려놓는다.

⑦ 집사자 배례 : 집사자(제사주관자)만 혼자 2배 절을 올린다.

⑧ 축문 : 축문을 낭독한다.

⑨ 초헌정저 : 술잔을 올리고 난 후 이저(젓가락 이동)한다.

⑩ 일동배례 : 다 같이 2배 절을 올린다.

⑪ 아헌정저 : 술잔을 올리고 난 후 이저한다.

⑫ 배례 : 잔 올린 사람만 2배 절을 올린다.

⑬ 삼헌(종헌)정저 : 술잔을 올리고 난 후 이저한다.

⑭ 일동배례 : 다 같이 2배 절을 올린다.

⑮ 퇴갱반개 : 국을 물러내고 찬물을 가져온 후 밥을 세 숟가락을 떠서 물에 만다.

⑯ 유식 : 피실(5분간 다른 장소에서 대기한다)

⑰ 일동흠, 면수 : 다시 되돌아서서 정면 아래를 응시한다.

⑱ 하저 : 젓가락을 철수시킨다.

⑲ 일동배례 : 다 같이 2배 절을 올린다.

⑳ 예필국궁퇴 : 모든 예가 종료되었음을 알리고 허리를 굽히면서 뒤로 3-4발자국 물러선다.

㉑ 지방소각 : 지방을 소각한다.

명절 축문 예시

維歲次 ○○년 ○○월 ○○일 ○○시 孝婦○○○ 孝孫○○○敢昭告于
顯祖考○○○○○ 神位 戊辰年 甲子日 乙巳日 戊寅時生歲序遷易 顯祖
考諱日復臨 追遠感時 不勝永謀 謹以 淸酌庶羞恭伸奠獻 尙饗

德道經

명절 차례 순서

① 일동정렬 : 경건한 마음으로 정렬한다.

② 취석면수 : 각자 자리에 서고 시선은 아래를 응시한다.

③ 지방봉안 : 지방을 붙인다.

④ 일체진설 : 과일껍질 등 차려놓은 제사음식을 펼쳐놓는다.

⑤ 분향 : 향을 3개 피운다.

⑥ 세잔 : 올려진 잔을 술을 조금 부어 헹군 후 다시 올려놓는다.

⑦ 집사자배례 : 집사자(제사 주관자)만 혼자 2배 절을 올린다.

⑧ 축문 : 축문을 낭독한다.

⑨ 단배 : 명절은 술을 한 번만 올린다.

⑩ 상저 : 젓가락을 올린다.

⑪ 일동배례 : 다 같이 2배 절을 올린다.

⑫ 유식 : 피실(5분간 다른 장소에서 대기한다.)

⑬ 일동흠, 면수 : 다시 되돌아서서 정면 아래를 응시한다.

⑭ 하저 : 젓가락을 철수시킨다.

⑮ 일동배례 : 다 같이 2배 절을 올린다.

⑯ 예필국궁 퇴 : 모든 예가 종료되었음을 알리고 허리를
　　　　　　　　굽히면서 뒤로 3-4발자국 물러선다.

⑰ 지방소각 : 지방을 소각한다.

주요 상차림법

홍동백서

· 붉은 과일은 신위가 놓이는 자리에서 볼 때 동쪽(왼쪽)에,

· 흰 과일은 서쪽(오른쪽)에놓는다.

· 붉은 것은 해가 떠오르는 동쪽이며, 시작, 출생, 청룡을 뜻하고,흰 것은 해가 지는 서쪽이며, 종말, 죽음, 백호를 나타낸다.

좌포우혜

· 포는 왼쪽에, 식혜는 오른쪽에 놓는다.

· 포는 물고기를 나타내어 청룡의 세에 해당되며, 식혜(꿩, 돼지, 닭으로 발효시킨 음식)는 백호가 좋아하는 음식으로서 백호의 세를 나타낸다.

· 도라지(수삼), 고사리, 시금치(미나리) ☞ 서쪽부터

· 도라지는 뿌리, 고사리는 줄기, 시금치는 잎을 쓰는 것으로 뿌리인 도라지를 가장 최고의 조상으로 보아 오른쪽에 둔다.

· 도라지는 서쪽, 고사리는 남쪽, 시금치는 동쪽을 나타낸다.

조율시이

· 오른쪽부터 순서대로 대추, 밤, 감, 배를 놓는다. 대추는 씨가 하나인데 이것은 왕을 뜻하고 밤은 씨가 세 개인데 삼정승을 뜻하며 감은 씨가 통상 여섯 개인데 육조판서를 뜻한다.

어동육서

· 물고기는 동쪽(왼쪽)에, 육고기는 서쪽(오른쪽)에 둔다.

· 생명은 물에서부터 시작되어 어류가 동물로 진화되었고 청룡이 좋아하는 물고기는 동쪽에, 백호가 좋아하는 육고기는 서쪽에 놓는다.

德道經

도 관련 용어

생활 속의 도 용어

49재(齋)

천상계에 올라간 혼이 원신이 있는 곳으로 가는 기간이 49일(7주)이 걸리는데 무사히 도착할 수 있도록 비는 치성이다.

천도재(薦度齋)

천상계에 잘 돌아가라는 기원의 의미로 지내는 치성

cf) 삼우제(三虞祭) : 혼이 육체를 떠나면 3일에서 5일 동안 지구에 머무른다.
초우제, 재우제, 삼우제

來生(내생)

다음 생에 다시 태어나는 것

現生(현생)

현재 태어난 상태

前生(전생)

이전에 태어난 상태

還生(환생)

전생의 기억을 가지고 다시 태어나는 것.

보통은 전생의 기억을 원신이 지운 후에 인간으로 내보낸다.

運命(운명)

앞에서 날아오는 돌과 같다.

원신이 DNA 정보를 남녀(부부)에게 주고 이것은 명부에 보고된다
(일종의 설계도인 셈이다). 이후 임신이 이루어지면 태어난 시기(사
주)가 정해진다. 사람의 운로(運路)를 명부에서 정한 것으로 바뀔 수
없다.

宿命(숙명)

뒤에서 날아오는 돌과 같다.

원신은 분신에 관계된 권한을 모두 명부에 일임한다.

명부가 알아서 분신을 설계하게 되고 나중에라도 원신이 분신을 구
제하거나 제어하지 않는다. 분신을 내고 싶지 않은 원신이 취하는
방식이며 기본사양으로 분신을 설계한다.

이렇게 태어난 분신은 절대 원신의 점수를 취득할 수 없어 대신 명
부에서 점수를 부여하나 매우 엄격히 적용하므로 점수 따기가 어려
워 업보의 굴레가 반복된다.

德道經

도 관련 영어

demonism : 사신교(邪神敎)

demonist : 마왕사자

devil : 잡귀(충살, 형살) = satan 우상, 괴롭힘

demonology : 귀신론, 마귀론

demonstrate : 논증(마왕 쪽 신이 증명한 것)

demoniac : 빙의자

demonic : 초인적인

demonocracy : 마귀에게 완전히 넘어가지 않은 자

demonolatry : 마귀숭배, 마왕집단

theologicalalogy : 신학론

theologian : 신학자

christianity psychology : 기독교 심리학

demonize : 마왕에게 완전히 넘어간 자

demonopolize : 마왕에게서부터 투항해 온 자

devilism : 잡귀숭배, 무당

devilish : 흉악한, 극악무도한

devilfish : 아귀

devildom : 마계, 마의 나라

devildodger : 큰 소리 내는 자

devildog : 미 해병대원

god : 男神, 우상(idol), 하나님(예수), 조물주(천상계의 모든 신) 낮은 24절후 신명부터 옥황상제까지를 통칭한다.

greater almighty : 구천상제(구천 내에서만 사용한다)

god almighty : 8천 이하에서 구천상제를 부를 때 사용

god booster : 성직자 목회자 설교자 도인 법사

god box : 교회, 도인회관

god child : 동자신

god father : 태을신장 원신

god mother : 옥황상제 원신

god-damn : 저주하다(god + devil)

goddess : 女神

주요 여섯 여신은 다음과 같다.
· 하늘의 여신 : Juno 정무장관
· 지옥의 여신 : Proserpine 교도관
· 연예의 여신 : Venus 도화원
· 달의 여신: Diana 감옥
· 전쟁의 여신 : Bellona 옥정(玉丁), Athena(전사의 후예)
· 지혜의 여신 : Minerva
☞ 옥정 : 천추태후는 옥정(玉丁)원신의 분신으로서 원신이 구천으로 가신
  이후에 옥정으로서의 역할을 계승하였다.

godfearing : 신앙심 깊은, 도심이 깊은

godforsaken : 원신에게 버림받은 상태

godgiven : 신이 선택한

godship : 신위(神位)

godmessage : 신이 준 메시지

godsend : 신이 준 선물

godman : 반 도통군자

godliness : 원신을 모시는 자

godlike : 신명지(神明紙)

godking : 신격화된 군주

godhead : 원신가문

godgoer : 신의 나그네, 걸신

godwords : 주문

godspeed : 신에게 요구하는 것

godson : 양자, 분신

德道經

名詩方

野雪

李 亮 淵

踏雪野中去(답설야중거)

들판에 내린 눈을 밟고 갈 때는

不須胡亂行(불수호난행)

모름지기 제멋대로 아무렇게나 가지마라.

今日我行跡(금일아행적)

오늘 내가 가면서 남긴 발자취는

遂作後人程(수작후인정)

뒤에 오는 사람의 이정표가 될지니.

345

神樓

姜農軒

紅日幽山盡(홍일유산진)

붉은 해는 저산너머로 그윽이 사라지고

萬溪去海流(만계거해류)

온갖 계곡에서 흐르는 시냇물은 바다로 흘러간다네.

欲萬物遠觀(욕만물원관)

저 멀리 만물을 보고자 한다면

天上留神樓(천상유신루)

하늘나라 신명이 머무는 누각에 올라야 하네.

望在明明道

姜農軒

恁自天上來(임자천상래)

임은 하늘로부터 왔으니

當知天上息(당지천상식)

당연히 하늘나라 소식을 알겠구려.

君往時傳意(군왕시전의)

그대 하늘나라로 돌아갈 때 내 뜻 좀 전해주오.

望在明明道(망재명명도)

나의 소망은 밝은 도를 온 세상에 밝히는 데 있다네.

德道經

山中留客

張旭

山光物態弄春暉(산광물태롱춘휘)

산 빛과 만물은 찬란한 봄볕에 놀아나는데

莫爲輕陰便似歸(막위경음편사귀)

날씨가 좀 흐렸다 하여 다시금 돌아간다는 생각 말게.

縱使晴明無雨色(종사청명무우색)

그렇다 해도 청명한 하늘에 비 올 증세는 없고

入雲深處亦霑依(입운심처역점의)

구름 깊은 곳에 들어가면 또한 옷자락은 젖는다네.

晚春

韓愈

草樹知春不久歸(초수지춘불구귀)

봄이 지난다는 것을 초목은 알고 있네.

百般紅紫鬪芳菲(백반홍자투방비)

백가지 꽃들은 앞다투어 그윽한 향기 뿜어내고

楊花楡莢無才思(양화유협무재사)

재주 없는 버들가지 꽃 느릅나무 열매와 같고

惟解漫天作雪飛(유해만천작설비)

그래도 온 하늘엔 눈송이만 날리네.

鹿柴

王維

空山不見人 (공산불견인)

텅 빈 산속에서 사람이라곤 보이지 않는다.

但聞人語向 (단문인어향)

다만 어느 방향인지 모르지만 사람의 말소리 들리네.

返景入深林 (반경입심림)

한 가닥 빛이 나무숲 깊숙이 스며들어

復照靑苔上 (복조청태상)

또다시 푸른 이끼 위를 비추네.

絶句

杜甫

兩個黃鸝鳴翠柳 (량개황리명취유)

꾀꼬리 두 마리가 버드나무 가지에 앉아 울고

一行白鷺上靑天 (일행백로상청천)

백로가 무리 지어 푸른 하늘 위를 날고 있네.

窓含西嶺千秋雪 (창함서령천추설)

창 밖 서산 봉우리엔 만년설을 머금고 있고

門泊東吳萬里船 (문박동오만리선)

문 앞에 장강위에는 만리 길 떠나는 배가 정박해있네

德道經

夜宿山寺

李白

危樓高白尺(위루고백척)
백길 낭떠러지 높은 누각에 오르니
手可摘星辰(수가적성신)
손 내밀면 별이라도 따겠소.
不敢高聲語(불감고성어)
감히 큰 소리를 내다니
恐驚天上人(공경천상인)
하늘이 놀랄까 두렵소.

静夜思

李白

床前明月光(상전명월광)
침상 앞 비춰진 달빛을 보고
疑是地上霜(의시지상상)
하얀 서리가 땅위에 내렸나 의심하였네.
擧頭望明月(거두망명월)
머리를 들면 휘영청 밝은 달을 바라볼 수 있고
低頭思故鄉(저두사고향)
머리를 떨구면 고향 생각 간절하네.

349

春曉

孟浩然

春眠不覺曉(춘면불각효)
봄잠에 취해 새벽이 온 것을 깨닫지 못했네.
處處聞啼鳥(처처문제조)
곳곳에서는 새 울음소리가 들리고
夜來風雨聲(야래풍우성)
밤새 비바람 소리 들려왔으니
落花知多少(낙화지다소)
꽃이 또 얼마나 떨어졌는지를 미루어 알겠구나.

草

白居易

離離原上草(리리원상초)
들판 위에 무성히 자라는 풀
一歲一枯榮(일세일고영)
한 해에 한 번 말라 죽고 다시 발영한다네.
野火燒不盡(야화소부진)
들판에 불이 나서 그 마른 풀을 다 태워도 뿌리까지는
태우지 못할지니
春風吹又生(춘풍취우생)
봄바람이 불면 또 다시 생장한다네.

德道經